I0410110

CONTRIBUIÇÕES DESTINADAS AO CUSTEIO DA SEGURIDADE SOCIAL: PERSPECTIVA CONSTITUCIONAL

MATHEUS GOMES DE OLIVEIRA TAVARES MARTINS

RESUMO

O presente trabalho visa deslindar o tratamento despendido pela Carta Magna às contribuições destinadas ao custeio da Seguridade Social. Nesse trajeto, o autor serve-se do Direito Positivo, manuseando as normas jurídicas válidas no ordenamento jurídico pátrio, restringindo o enfoque, no entanto, àquelas integrantes do Sistema Constitucional Tributário.

Preliminarmente, o autor elucida a conceituação e a classificação jurídica dos tributos. Aponta, em seguida, uma noção de "sistema", para, com isso, enaltecer os traços do Sistema Constitucional Tributário Brasileiro. E, ao cabo do proêmio, estabelece nítida distinção entre competência legislativa tributária e capacidade tributária ativa, com o escopo de minuciar a competência legislativa outorgada pelo legislador constituinte para a instituição de contribuições especiais.

Ato contínuo, analisa, pois, a natureza jurídica e o regime jurídico aplicável às contribuições especiais, constatando, porém, que, não obstante elas se submetam a um regime jurídico autônomo em relação aos restantes dos tributos, cada uma de suas subespécies denota um regime jurídico com patentes peculiaridades. Nessa esteira, o autor examina cada uma das espécies de contribuições especiais, verificando-se, entre elas, aquelas destinadas ao financiamento da Seguridade Social.

No cerne do trabalho, engendra considerações a respeito da Seguridade Social, explicitando suas fontes de financiamento direto e suas respectivas bases econômicas. Nessa empreitada, o autor retrata as fontes de custeio expressamente previstas no Texto Supremo, bem como aquelas passíveis de serem elaboradas pelo legislador infraconstitucional mediante o exercício da competência residual da União. Por fim, tece, ainda, comentários acerca da contribuição para o custeio do regime previdenciário dos servidores públicos e da polêmica contribuição provisória sobre movimentação financeira.

Com isso, procura expor o panorama constitucional das contribuições destinadas ao custeio da Seguridade Social, subespécie tributária que desperta profusas elucubrações teóricas e infindáveis questionamentos práticos.

Palavras-chave: Sistema Tributário Nacional. Tributo. Contribuições. Contribuições Especiais. Contribuições Sociais. Contribuições para a Seguridade Social. Seguridade Social. Contribuições Residuais.

SUMÁRIO

INTRODUÇÃO

São infindáveis as celeumas doutrinárias acerca do tratamento jurídico dado às contribuições especiais, sobretudo àquelas destinadas ao custeio da Seguridade Social. Isso nos impulsionou a realizar um estudo analítico do assunto, visando, dessa maneira, contribuir para a fomentação do debate sobre o tema.

Definimos, para tanto, o necessário enfoque metodológico, delimitando os aspectos pelos quais averiguamos o nosso objeto. Desse modo, concentramos nosso estudo no conjunto de normas jurídicas válidas no Ordenamento Jurídico pátrio, mormente as estabelecidas no altiplano constitucional relativas ao tema das "contribuições destinadas ao custeio da Seguridade Social". Nessa empreitada, servimo-nos do método analítico, o qual tem por fundamento a descrição e a interpretação dos elementos basilares do objeto em foco, com o intuito de sanar os impasses através da decomposição desses elementos.

Em vista disso, o estudo proposto centralizou-se em uma das subespécies de contribuições especiais. Todavia, esse simples fracionamento não basta para a orientação que almejamos prestar ao mote, devido à imensidade de aspectos passíveis de análise: plano infraconstitucional, seara econômica, campo social etc.

Assim, focalizamos o corrente estudo nas normas constitucionais alusivas às contribuições para a Seguridade Social, abstraindo, porém, as legislações infraconstitucionais pertinentes a essa subespécie tributária. O presente trabalho foi desenvolvido, pois, com base nas prescrições insculpidas na Carta Magna que norteiam a competência legislativa para a instituição desse gravame e estipulam as condições para tanto.

A par do anseio analítico inculcado no estudo, externamos, no Capítulo 1, conteúdos próprios da Teoria Geral do Direito Tributário e da Filosofia do Direito, mas com relevância ímpar a qualquer estudo com pretensões jurídico-tributárias. Nesse contexto, exprimimos comentários a respeito do conceito de tributo e da classificação jurídica dos tributos, determinando que as contribuições caracterizam-se como espécie tributária autônoma. No mais, analisamos o que se faz necessário para subsistir um "sistema" e realizamos ponderações acerca do Sistema Constitucional Tributário, salientando as suas características. Ao cabo desse capítulo, perpetramos frutíferas observações no que tange às normas que outorgam competência para a instituição de contribuições especiais, chegando, inclusive, a distingui-las daquelas que atribuem capacidade tributária ativa, objetivando a mera arrecadação dos tributos, e não a sua instituição.

Realizadas essas ponderações, sentimo-nos seguros para alçarmos a análise dos atributos das contribuições para a Seguridade Social, aduzindo, antes de adentrar ao mérito do trabalho, cruciais premissas relativas às contribuições especiais, como gênero, do qual aquelas destinadas ao financiamento da Seguridade Social são subespécies.

Desse modo, estabelecemos, no Capítulo 2, uma definição jurídica de contribuições, para, então, averiguarmos a sua natureza jurídica, posto que tal definição, como observado, faz-se necessária para delimitar a natureza jurídica do gravame em estudo. Com isso em mente, perpassamos pelo regime jurídico das contribuições especiais, constatando, contudo, que, não obstante elas se submetam a um regime jurídico autônomo em relação aos restantes dos tributos, cada uma de suas subespécies denota um regime jurídico com patentes peculiaridades. Sem embargo, denotamos as imunidades específicas às contribuições para a Seguridade Social, realçando, também, certos princípios afetos a essas exações. Na sequência, vislumbramos cada uma das espécies de contribuições especiais, identificando, por conseguinte, quatro delas, quais sejam: as contribuições de intervenção no domínio econômico; as contribuições de interesse das categorias profissionais e econômicas; as contribuições sociais, que se subdividem em contribuições sociais "gerais" e contribuições para a Seguridade Social (ora objeto deste trabalho); e a contribuição para o custeio do serviço de iluminação pública, a qual, como restou demonstrado, possui caráter *sui generis* em contraposição às demais espécies dessa exação.

No âmago do trabalho, discorremos, propriamente, sobre as contribuições destinadas ao custeio da Seguridade Social. Não obstante, reputamos ser necessário tecer considerações a respeito da Seguridade Social, identificamos, com isso, tratar-se de um conjunto de ações governamentais e civis que ensejam a preservação dos direitos relativos à Saúde, Assistência e Previdência Social. Nessa toada, almejamos perquirir aspectos financeiros desse campo de atuação governamental relacionados às contribuições ora em análise, e, na sequência, fez-se pertinente abarcarmos, no estudo, o caráter solidário das exações sob comento e a consequente atenuação da sua *referibilidade*, própria das contribuições especiais. Sedimentados esses preceitos, focamos nossa atenção, no bojo do Capítulo 3, às contribuições elencadas no artigo 195 do Texto Supremo, passíveis de serem instituídas pela União, conforme se vislumbrou no cotejo das competências legislativas tributárias.

De início, apuramos as intituladas contribuições nominadas ou ordinárias, porquanto constam taxativamente do rol de possíveis fontes de financiamento direto da Seguridade Social. Primeiramente, observamos a contribuição social do empregador, da empresa e da entidade a ela equiparada, podendo incidir sobre: **a)** a folha de salários e demais rendimentos do trabalho; **b)** a receita ou o faturamento; e **c)** o lucro. Por conseguinte, passamos a distinguir tais grandezas econômicas. Seguidamente, atentamos à contribuição social do trabalhador e dos demais segurados da Previdência Social, para isso, consideramos útil deslindarmos as categorias de segurados da Previdência Social, os quais se qualificam como sujeitos passivos do gravame, e, finalmente, elucidamos o tratamento conferido ao regime de economia familiar. Adiante, tecemos perfunctórios comentários acerca da contribuição social sobre a receita do concurso de prognósticos, definindo o conceito norteador dessa exação fiscal. Ao cabo desse escrutínio, deparamo-nos com a contribuição social do importador de bens ou serviços do exterior e, no desenlace, abordamos os conceitos de "importação", "importador", "bens" e "serviços", além, é claro, de prosseguirmos com a mensuração da base econômica dessa contribuição, qual seja, o valor aduaneiro.

Aludimos, ainda, às contribuições residuais, as quais podem ser instituídas pela União, mediante o exercício de sua competência residual, com o fito de garantir a manutenção ou a expansão da Seguridade Social, devendo se observar, entretanto, os critérios estipulados no artigo 154, I, da Lei das Leis, são eles: **i)** instituição por meio de lei complementar; **ii)** subordinação ao princípio da não-cumulatividade; e **iii)** fato gerador e base de cálculo diversos dos delineados na Constituição da República.

Oportunamente, anotamos a restrição presente na contribuição para o custeio do regime previdenciário dos servidores públicos estaduais, distritais e municipais, a qual deve se restringir a financiar o regime próprio de Previdência Social desses servidores, não se podendo dispor desses recursos para se custear ações na área da saúde ou assistenciais, mesmo se respeitante aos próprios servidores públicos. Ademais, examinamos os caracteres dessa contribuição e as suas propriedades.

Por fim, externamos observações em relação à contribuição provisória sobre movimentação financeira – C.P.M.F., pelas quais verificamos não se tratar de uma contribuição usual, portanto, não se subordinando aos requisitos necessários para a instituição de novas fontes de custeio da Seguridade Social, dado que sua instituição é veiculada por meio de Emenda Constitucional.

Almejamos, com isso, contribuir para o aperfeiçoamento do estudo e da aplicação de tão vultoso e polêmico tributo.

1.   SISTEMA TRIBUTÁRIO NACIONAL

1.1.   Tributo

A Ciência do Direito tem como objeto de estudo o Direito Positivo. Neste sentido, Aurora Tomazini de Carvalho didaticamente esclarece que:

> [...] à Ciência do Direito compete o estudo do direito posto, nada além, nem antes e nem depois dele. E, considerando-se que este consubstancia-se em normas jurídicas, o objeto de estudos da Ciência do Direito são as normas jurídicas e só elas. Nada além, nem antes e nem depois delas[1].

Para o Direito Tributário, esse estudo, como observa Geraldo Ataliba, tem como conceito básico e nuclear o 'tributo', sendo este instituto responsável por dar o critério de delimitação da extensão material daquele sub-ramo do Direito[2].

O tributo, muitas vezes, é vulgarmente acanhado à concepção de mera transferência patrimonial entre o contribuinte e o Estado, devendo aquele entregar certa soma em dinheiro a este. Porém, esta conduta exigida não serve como fundamento de existência da norma jurídica tributária, porquanto esta possui maior abrangência em sua essencialidade, como será analisado.

1.1.1.   Conceito Jurídico de Tributo

O vocábulo 'tributo', como demonstra Paulo de Barros Carvalho[3], apresenta diversas significações, dependendo do contexto em que está sendo empregado. O renomado autor elucida, pelo menos, seis delas, quais sejam:

a. Quantia em dinheiro;

b. Prestação correspondente ao dever jurídico do sujeito passivo;

c. Direito subjetivo de que é titular o sujeito ativo;

d. Sinônimo de relação jurídica tributária;

e. Norma jurídica tributária;

f. Norma, fato e relação jurídica.

---

[1] CARVALHO, Aurora Tomazini de. **Teoria Geral do Direito (O Constructivismo Lógico-Semântico)**. Tese de Doutorado em Filosofia do Direito (Orientador: Paulo de Barros Carvalho). São Paulo: PUC, 2009, p. 76. Disponível em: http://www.dominiopublico.gov.br/download/teste/arqs/cp098895.pdf. Acesso em: 16 de novembro de 2017.
[2] ATALIBA, Geraldo. **Hipótese de Incidência Tributária**. 6. ed. São Paulo: Malheiros, 2006, p. 38-39.
[3] CARVALHO, Paulo de Barros. **Curso de Direito Tributário**. 19. ed. rev. São Paulo: Saraiva, 2007, p. 19.

Entretanto, esses significados, empregados na linguagem do direito positivo, da doutrina e da jurisprudência, mesmo sendo diversos, são análogos.

Deve-se ter em conta, de modo geral, que não é função da lei estabelecer conceitos, devendo esta abarcar apenas regras de comportamento, deixando, para a doutrina, a tarefa de conceituar e classificar os institutos jurídicos.

Contudo, o Código Tributário Nacional (Lei n.º 5.172, de 25 de outubro de 1966), que possui eficácia de lei complementar, assim não prosseguiu, estabelecendo, com base em expressa permissão constitucional (artigo 146, III, *a*, da Constituição da República Federativa do Brasil de 1988), um conceito didático de 'tributo', o qual estipula que:

> Art. 3º Tributo é toda prestação pecuniária compulsória, em moeda ou cujo valor nela se possa exprimir, que não constitua sanção de ato ilícito, instituída em lei e cobrada mediante atividade administrativa plenamente vinculada.

No entanto, a definição de tributo possui natureza constitucional e, consequentemente, nenhuma lei pode alterá-la, em razão de se tratar de conceito primordial na delimitação das competências legislativas tributárias e alicerce do sistema tributário nacional – "conjunto de princípios e regras constitucionais de proteção do contribuinte contra o chamado "poder tributário", exercido, nas respectivas faixas delimitadas de competências, por União, Estados e Municípios"[4].

Por esse motivo, torna-se necessária a ressalva conferida à definição legal de tributo, externada pelo artigo 3º do Código Tributário Nacional. Destarte, sua aceitação deve ser feita com cautela, uma vez que, se assim não se proceder, os direitos outorgados, pelo Texto Maior, aos contribuintes correm o risco de sofrer grandes prejuízos.

Diante disso, podemos considerar o tributo como sendo uma obrigação jurídica, precisamente por ensejar uma relação jurídica.

Assim, nas lições de Geraldo Ataliba, tributo pode ser definido juridicamente como:

> [...] obrigação jurídica pecuniária, *ex lege*, que não se constitui em sanção de ato ilícito, cujo sujeito ativo é uma pessoa pública (ou delegado por lei desta), e cujo sujeito passivo é alguém nessa situação posto pela vontade da lei, obedecidos os desígnios constitucionais (explícitos ou implícitos)[5].

A norma jurídica tributária, devendo incidir sobre fato lícito, tem como consequência a configuração de uma relação jurídica, em cujo polo ativo situa-se uma pessoa jurídica de direito público (podendo ser delegada tal posição por meio de lei) e em cujo polo passivo, encontra-se uma pessoa imposta pela vontade legal.

---

[4] ATALIBA, *op. cit.*, p. 33.
[5] *Ibidem*, p. 34.

A relação jurídica aludida desencadeará efeitos jurídicos apenas e tão somente quando houver a incidência da hipótese tributária (norma jurídica) ao fato jurídico tributário (fato gerador da obrigação tributária). Havendo tal subsunção, cria-se um vínculo jurídico entre os sujeitos da obrigação tributária, pelo qual, como pondera Alfredo Augusto Becker[6], se impõe ao sujeito passivo o dever jurídico de efetuar uma predeterminada prestação e atribui-se ao sujeito ativo, o direito subjetivo de obter a referente prestação.

O tributo será o objeto desta prestação, decorrente daquele dever, objetivando satisfazer o direito subjetivo supracitado.

Ainda, a norma jurídica tributária deve respeitar os desígnios constitucionais, como bem notou Geraldo Ataliba. Desta forma, a sua materialidade deve ser aquela prevista constitucionalmente, não podendo fugir disto, sob pena de manifesta inconstitucionalidade, visto que o legislador constituinte disciplinou minuciosamente as competências tributárias na Carta Magna de 1988, retirando a liberdade do legislador infraconstitucional de fixar os aspectos das hipóteses tributárias[7].

Portanto, podemos definir, juridicamente, 'tributo' como sendo uma norma jurídica. Por sua vez, a norma jurídica tributária pode ser definida como a norma jurídica cuja hipótese de incidência se refere a um fato lícito e possível, tendo, na Constituição Federal, a previsão de sua materialidade, estabelecendo, como consequência de sua incidência, uma relação jurídica mediante a qual um sujeito (passivo) obriga-se a entregar certa importância pecuniária a outro sujeito (ativo), que possui o direito de recebê-la.

Estabelecido esse conceito, passaremos, a seguir, à análise da classificação jurídica dos tributos.

1.1.2.   Classificação Jurídica dos Tributos

Classificar consiste em analisar as similitudes e disparidades entre determinados objetos e dividi-los em grupos distintos, utilizando, para isso, um critério definido anteriormente.

Cabe ressaltar a importância das classificações no âmbito jurídico, dado que estas serão determinantes para se alcançar a definição das espécies e subespécies dos objetos sob análise. Além disso, elas possuem enorme influência na delimitação dos regimes jurídicos aplicáveis àqueles objetos.

---

[6] BECKER, Alfredo Augusto. **Teoria Geral do Direito Tributário**. 4. ed. São Paulo: Noeses, 2007, p. 277.
[7] ATALIBA, *op. cit.*, p. 34.

No Direito Tributário, torna-se evidente essa relevância no que se refere às espécies de tributos, já que é por meio da classificação destas que se determina a aplicação de um ou outro regime jurídico tributário. É o que atesta Geraldo Ataliba:

> Como, entretanto – conforme a espécie de tributo – diversos são os regimes tributários, deverá o exegeta determinar qual a espécie diante da qual se encontra, a fim de lhe aplicar o regime jurídico correto e adequado, em face das normas constitucionais e à luz dos princípios que a Constituição prestigia ou adota[8].

Posto isso, a classificação jurídica dos tributos deve pautar-se na norma jurídica tributária, para que, assim, seja possível externar a segurança jurídica necessária na aplicação do direito. À vista disso, deve-se, ainda, sempre objetivando a utilidade da análise em relação à segurança jurídica almejada, encontrar nas normas constitucionais que atribuem competência tributária o seu ponto de partida. Porquanto, as normas constitucionais determinam os requisitos necessários para a instituição dos tributos, delimitando, por conseguinte, o regime jurídico tributário aplicável a cada espécie tributária.

Há grande divergência na doutrina acerca da classificação jurídica dos tributos. Em decorrência disso, existem, no direito pátrio, inúmeras correntes ao redor do número de espécies tributárias, podendo ser mencionadas as concepções bipartidas, tripartidas e pluripartidas. Isto ocorre em razão da distinção de critérios adotados para se analisar os tributos e classificá-los.

A celeuma doutrinária decorre da escolha, pelos autores, de um único critério classificatório, ao passo que outros, por outro lado, elegem mais de um critério para se utilizar na análise classificatória. Em referência a isso, Luciano Amaro esclarece este comportamento e elucida as suas consequências:

> É óbvio que, adotada uma só variável (por exemplo, a característica "x"), os tributos só poderão receber uma classificação *bipartida*, dado que a pergunta sobre a existência de "x" em dado tributo só admite uma de duas respostas: "sim" ou "não". Se a variável eleita for a característica "y" (diversa de "x"), cada conjunto já poderá ter um rol diferente de figuras, se espécies com "x" não tiverem a característica "y". [...]
> Os autores que utilizam *mais de uma variável* para classificar os tributos (fato gerador, destinação, restituibilidade etc.) irão, logicamente, identificar três, quatro, "n" conjuntos, conforme a maior ou menor especificidade dos critérios analíticos que sejam eleitos[9].

Diante disso, como anteriormente mencionamos, as classificações jurídicas devem ser pautadas na norma jurídica, portanto, basear-nos-emos, nesta classificação, nas normas jurídicas constitucionais que outorgam competência tributária, visto que estas estabelecem

---

[8] ATALIBA, *op. cit.*, p. 123.
[9] AMARO, Luciano. **Direito Tributário Brasileiro**. 14. ed. São Paulo: Saraiva, 2008, p. 67-68.

requisitos que não podem deixar de ser verificados quando da edição das normas de tributação, pelo legislador infraconstitucional.

Por essa razão, julgamos relevantes juridicamente, como critérios de classificação, a *restituibilidade* e o destino do produto arrecadado.

Assim, concordamos com a posição de Hugo de Brito Machado, o qual constata que temos, "em nosso Sistema Tributário, cinco espécies de tributo, a saber: os impostos, as taxas, as contribuições de melhoria, as contribuições sociais e os empréstimos compulsórios"[10]. Manifesta-se, também, o citado doutrinador sobre "as contribuições sociais, que subdividem-se em contribuições de intervenção no domínio econômico e contribuições do interesse de categorias profissionais ou econômicas, e contribuições de seguridade social"[11].

Seguindo o mesmo raciocínio, Kiyoshi Harada analisa o assunto e assim manifesta-se:

> Entendemos que a matéria deve ser examinada à luz do Sistema Tributário Nacional vigente e estudada em conformidade com os princípios constitucionais tributários, o que amplia o campo de análise, extrapolando o Capítulo I do Título VI da CF (arts. 145 a 162), visto que, aqueles princípios se acham espalhados por toda a Constituição.
> Em termos de direito positivo brasileiro, temos as seguintes espécies tributárias: impostos, taxas, contribuições de melhoria, empréstimo compulsório, contribuições sociais do art. 149 da CF e contribuições sociais do art. 195 da CF[12].

Nessa mesma linha, José Eduardo Soares de Melo, partindo da Constituição Federal de 1988, depara-se com cinco espécies tributárias, assegurando, em consequência, que o artigo 145 da Carta Política não traz um rol taxativo das espécies de tributos, dado que este não comporta relacionar todas as espécies tributárias, pois, além dos impostos, das taxas e das contribuições de melhoria, o texto constitucional apresenta outras espécies de exações, assim sendo, as contribuições especiais e os empréstimos compulsórios[13].

Fundamentando sua posição, assevera o aludido autor:

> Todavia, observo a existência de distinta característica nos empréstimos compulsórios, uma vez que o art. 148 da Constituição deixa nitidamente implícito ser indispensável que, na lei federal instituidora, haja expressa previsão de prazo, forma de reembolso e remuneração, o que é deveras importante e tem o condão de tipificar e especificar esta exação como tributo; tanto que o STF decretou a inconstitucionalidade de empréstimo compulsório que estabelecera remuneração em quotas do Fundo Nacional de Desenvolvimento (FND), ao invés de em moeda corrente, como anteriormente apontado.

[10] MACHADO, Hugo de Brito. **Curso de Direito Tributário**. 27. ed. São Paulo: Malheiros, 2006, p. 84.
[11] *Ibidem*.
[12] HARADA, Kiyoshi. **Direito Financeiro e Tributário**. 17. ed. São Paulo: Atlas, 2008, p. 299-300.
[13] MELO, José Eduardo Soares de. **Curso de Direito Tributário**. São Paulo: Dialética, 1997, p. 83.

O mesmo ocorre com as contribuições sociais, as de intervenção no domínio econômico ou de interesse de categorias profissionais ou econômicas, e destinadas à seguridade social (arts. 149 e 195), em que a legislação infraconstitucional deve determinar a destinação específica e direta aos entes beneficiados[14].

Desse modo, resta evidente a relevância atribuída à previsão normativa que estabelece a restituição e a destinação específica do produto arrecadado. Por conseguinte, podemos identificar cinco espécies de tributos, quais sejam:

a) Imposto: exação cuja instituição não se vincula a uma atuação estatal, inexistindo, ao mesmo tempo, destinação específica para o produto de sua arrecadação;

b) Taxa: tem sua cobrança condicionada a uma contraprestação estatal, devendo sua receita ser destinada ao custeio da atividade que ensejou a sua exigência;

c) Contribuição de Melhoria: possui como materialidade da sua hipótese de incidência uma valorização imobiliária proveniente de obra pública, não existindo destinação específica para o produto arrecadado;

d) Empréstimo Compulsório: não possui exigência legal de vinculação de sua instituição ao exercício de uma atividade por parte do Estado, havendo, todavia, expressa determinação constitucional quanto ao destino do produto de sua arrecadação, assim como a previsão de posterior restituição ao contribuinte;

e) Contribuições Especiais: não apresentam a necessidade de vinculação a uma atividade do Estado, existindo, entretanto, exigência relativa ao destino do montante arrecadado.

Logo, alinhamo-nos à tradicional classificação *quinquipartite* das espécies tributárias, a qual, a nosso ver, mostra-se mais útil, porquanto busca, por meio de um esforço exegético pautado pelos dizeres de nossa Carta Magna, particularizar o tratamento dado a cada espécie tributária, evidenciando a distinção entre as diversas exações fiscais.

Passado esse ponto, discorreremos de maneira pormenorizada, no tópico subsequente, sobre o sistema jurídico tributário.

1.2.   Sistema Tributário

---

[14] MELO, *op. cit.*, p. 82.

"Sistema", no âmbito jurídico, é uma expressão ambígua, havendo diversas acepções em que pode ser empregada. Vários autores discorrem-na, alguns a utilizando num sentido amplo, abrangendo tanto o plexo de normas prescritivas do Direito Positivo, como os enunciados descritivos da Ciência do Direito, outros, por outro lado, empregam-na de maneira restrita, restringindo o seu conceito tão somente à Ciência do Direito[15].

Aqueles que negam a possibilidade de o Direito Positivo configurar-se como sistema, afirmam que "a Ciência do Direito, sim, organizando descritivamente o material colhido na experiência do direito positivo, atingiria o nível de sistema"[16].

Todavia, assim não entendemos. Preferimos, não obstante, manter-nos filiados à segurança dos ensinamentos de Paulo de Barros Carvalho, o qual assinala:

> Enquanto conjunto de enunciados prescritivos que se projetam sobre a região material das condutas inter-humanas, o direito posto há de ter um mínimo de racionalidade para ser recepcionado pelos sujeitos destinatários, circunstância que lhe garante, desde logo, a condição de sistema[17].

Dessa maneira, não há como negar o caráter sistêmico do Direito Positivo, posto que sua linguagem prescritiva, visando regular condutas intersubjetivas, reclama certa compreensão por parte de seus destinatários.

Aurora Tomazini de Carvalho, com seu peculiar didatismo, expende algumas ponderações sobre a distinção entre os sistemas jurídicos:

> Quando pensamos no estudo do direito e atentamos para a diferença entre a linguagem do direito positivo, da Ciência do Direito, somos capazes de separar, segundo um denominador comum, de um lado os textos prescritivos do direito posto e de outro os textos descritivos da dogmática jurídica e de ordená-los, estabelecendo vínculos de subordinação e coordenação, de modo que eles apareçam para nós como duas realidades distintas. Estamos, pois, diante de dois sistemas: o direito positivo e a Ciência do Direito[18].

A par disso, necessitamos tecer algumas considerações sobre o que se entende por "sistema".

1.2.1.   Noção de "Sistema"

Em sentido vulgar, "sistema" remete à noção de um amontoado de partes. Entretanto, não cabe tão simplória definição para caracterizar um complexo e fundamental ente do domínio lógico.

---

[15] CARVALHO, *op. cit.*, p. 103.
[16] CARVALHO, *op. cit.*, p. 45.
[17] *Ibidem.*
[18] CARVALHO, *op. cit.*, p. 102.

Desta forma, recorremos, mais uma vez, às preciosas lições de Paulo de Barros Carvalho, para encontrar uma definição basilar de sistema:

> [...] o sistema aparece como o objeto formado de porções que se vinculam debaixo de um princípio unitário ou como a composição de partes orientadas por um vetor comum. Onde houver um conjunto de elementos relacionados entre si e aglutinados perante uma referência determinada, teremos a noção fundamental de sistema[19].

Assim, somado o sentido de ordem interna à noção de "sistema", sob o aspecto lógico, os sistemas:

> São conjuntos de objetos que se relacionam entre si e não apenas que apresentam características comuns. São classes, mas com estruturação interna, onde os elementos se encontram vinculados uns aos outros mediante relações de coordenação e subordinação[20].

Portanto, a definição de "sistema" possui maior complexidade do que a mera aglutinação de objetos que se agregam em razão de características comuns. Logo, para identificarmos um sistema é necessário que os componentes de uma classe apresentem-se sobre determinada estrutura e que se relacionem entre si em virtude de um referencial comum.

No entanto, alguns autores consideram, ainda, que um sistema deve se fundamentar no critério de coerência interna de seus elementos, devendo estes serem absolutamente harmônicos entre si, não podendo se contradizerem. Se assim o for, somente a Ciência do Direito se configuraria como sendo um sistema.

Contudo, não compartilhamos de tal entendimento. Acreditamos, todavia, que um sistema existe de maneira independente à harmonia presente, ou não, entre seus elementos. É evidente, porém, que qualquer estrutura pressente de uma condição mínima de harmonia, para tornar-se possível o relacionamento entre seus objetos, mas essa harmonia, a nosso ver, não necessita ser absoluta, de modo a não se aceitar a presença de conflitos. Até porque, "para que duas proposições sejam consideradas contraditórias é preciso que entre elas se estabeleça uma e que tenham como base um referencial comum, isto é, que pertençam ao mesmo sistema, caso contrário, não há contradição"[21].

Dessa forma, existem sistemas que permitem discrepância entre seus elementos e outros, que não as permite, dado que operam com referenciais de verdade ou falsidade, de maneira que o critério de coerência entre seus elementos não é levado como marca crucial de sua conceituação[22].

---

[19] CARVALHO, Paulo de Barros. **Direito Tributário: Fundamentos Jurídicos da Incidência**. 5. ed. São Paulo: Saraiva, 2007, p. 46-47.
[20] CARVALHO, *op. cit.*, p. 103.
[21] *Ibidem*, p. 104-105.
[22] *Ibidem*, p. 105.

Sendo assim, não restam dúvidas sobre a natureza sistêmica do Ordenamento Jurídico. Com relação a isso, esclarece Cristiano Rosa de Carvalho:

> Em termos lógicos, todo sistema é um conjunto formado por elementos. O ordenamento jurídico, espécie de sistema dinâmico autopoiético, é um conjunto cujos elementos são normas. O sistema jurídico é algo distinto da mera soma de seus elementos, pois estes formam a estrutura que forma não apenas a identidade do todo, como também das partes que o integram. Em outras palavras, as normas formam o sistema que também forma as normas. Considerando que o direito positivo é um sistema dinâmico que se auto-regula e se auto-produz, as normas, que são seus elementos, por ele são produzidas, internamente, sem quaisquer interferências externas em seu modus auto-gerativo, limitando-se a captar informações do ambiente social que servirão de tema para o conteúdo normativo[23].

Realizados esses apontamentos, passaremos, sem demora, à análise do Sistema Constitucional Tributário.

1.2.2. Sistema Constitucional Tributário

Sendo a Constituição Federal um sistema integrante de outro sistema, com amplitude global, que é o Ordenamento Jurídico, devemos, evidentemente, analisar os subsistemas que nela existem[24]. Paulo de Barros Carvalho, em apertada síntese, fornece a dimensão dessa estrutura:

> Da concepção global de sistema jurídico-positivo, tomada a expressão como conjunto de normas associadas segundo critérios de organização prescritiva, e todas elas voltadas para o campo material das condutas interpessoais, extraímos o subsistema das normas constitucionais e, de dentro dele, outro subsistema, qual seja o subsistema constitucional tributário. Pode dizer-se, ainda que em traços largos e sobremodo abrangentes, que neste subsistema serão suas unidades integrantes as normas constitucionais que versam, direta ou indiretamente, matéria tributária[25].

Dessa maneira, o conjunto de normas constitucionais que tratam de matéria tributária pode ser denominado como Sistema Constitucional Tributário.

Nesse diapasão, Kyioshi Harada clarifica a subdivisão existente dentro do Sistema Constitucional, formando, por conseguinte, o Sistema Constitucional Tributário:

> Assim, Sistema Tributário Nacional é o conjunto de normas constitucionais de natureza tributária, inserido no sistema jurídico global, formado por um conjunto unitário e ordenado de normas subordinadas aos princípios fundamentais, reciprocamente harmônicos, que organiza os elementos constitutivos do Estado, que outra coisa não é senão a própria Constituição.

---

[23] CARVALHO, Cristiano Rosa de. Sistema, Competência e Princípios. *In*: DE SANTI, Eurico Marcos Diniz (Org.). **Curso de Especialização em Direito Tributário** – Estudos Analíticos em Homenagem a Paulo de Barros Carvalho, 1. ed. Rio de Janeiro: Forense, 2007, p. 868-869.
[24] CARVALHO. **Curso de Direito Tributário**, p. 157.
[25] *Idem*, **Direito Tributário, Linguagem e Método**. 2. ed. São Paulo: Noeses, 2008, p. 227.

O que existe, portanto, é um sistema parcial (sistema constitucional tributário) dentro de um sistema global (sistema constitucional)[26].

A Constituição Federal de 1988 consagrou, em seus artigos 145 a 162, o Sistema Tributário Nacional como norte de todo o Direito Tributário, estabelecendo regras fundamentais norteadoras da relação do Estado com o contribuinte e definindo as espécies de tributos, as limitações do Poder de tributar, a distribuição de competências tributárias e a repartição das receitas tributárias, qualificando-se, destarte, pela rigidez e complexidade[27].

Tratando da unidade desse sistema e das relações decorrentes desse agrupamento de regras, Paulo de Barros Carvalho, com brilhantismo, leciona:

> Atribuem-lhe unidade duas circunstâncias: estarem todas elas legitimadas pela mesma fonte – a norma hipotética fundamental – e consubstanciarem o ponto de confluência do direito positivo, no que concerne à matéria que lhes dá conteúdo. Mantêm, entre si, relações de coordenação horizontal, situadas que estão no mesmo plano da escala hierárquica, tecendo, com idêntico status de juridicidade, a rede do subsistema[28].

O Diploma Maior conferiu, ao Sistema Constitucional Tributário, ampla gama de preceitos, tirando, com isso, extensa quota de mobilidade do legislador ordinário para exercer sua capacidade criativa. "Esse tratamento amplo e minucioso, encartado numa Constituição rígida, acarreta como consequência inevitável um sistema tributário de acentuada rigidez"[29].

Nessa perspectiva, são precisas as palavras de Alexandre de Moraes, ao elucidar a rigidez e complexidade presentes no Sistema Tributário Nacional:

> Dessa forma, ao mesmo tempo em que o legislador constituinte restringiu a liberdade do Congresso Nacional em estabelecer a competência tributária de cada ente federativo (*rigidez*), descreveu com detalhes as limitações do poder de tributar e a repartição das receitas tributárias (*complexidade*)[30].

Dito isso, podemos vislumbrar os motivos que levaram o constituinte a ter elencado um extenso conjunto de princípios e regras limitadoras do exercício da competência impositiva tributária, dado que este corresponde, basicamente, à apropriação de uma parcela do patrimônio do particular por parte do Estado.

O Poder de tributar, portanto, deve observar fielmente os ditames constitucionais, devendo ser praticado, hodiernamente, com a devida cautela, visando, a todo instante, realizar os objetivos transcendentes da Constituição da República, visto que esta transmite as

[26] HARADA, *op. cit.*, p. 296.
[27] MORAES, Alexandre de. **Direito Constitucional**. 23. ed. São Paulo: Atlas, 2008, p. 841.
[28] CARVALHO. **Curso de Direito Tributário**, p. 157.
[29] *Ibidem*, p. 158.
[30] MORAES, *op. cit.*, p. 842.

diretrizes que devem ser adotadas por toda a sociedade civil e, principalmente, pelo Estado, para alcançar o bem comum, sendo este o seu fim[31].

Em razão de o contribuinte, no Brasil, ser súdito, concomitantemente, de três governos distintos, devido à tipicidade do Estado Federal Brasileiro, necessário se faz, por óbvio, nos atermos à repartição de competência difundida no seio de nossa Carta Magna, porquanto essa serve para delimitar o campo de atuação, estritamente em matéria tributária, de cada pessoa jurídica de direito público interno[32].

A propósito, Paulo de Barros Carvalho, em renomada obra, evidencia a necessidade de se tomar consciência das diretrizes constitucionais, no cotejo da norma jurídica tributária:

> Sem uma tomada de posição consciente a respeito das diretrizes sobranceiras estabelecidas pela Lei Suprema, fica difícil, para não dizer impossível, isolarmos a planta básica dos tributos, percebendo as peculiaridades de um subdomínio normativo cuja complexidade vem crescendo numa velocidade espantosa[33].

Portanto, iremos analisar, detidamente, no item ulterior, a repartição de competência tributária elencada no bojo do texto constitucional.

1.3.   Competência Tributária

O Estado Brasileiro, ao adotar o modelo federativo por meio da Constituição Federal de 1988, fez com que passassem a coexistir, no mesmo plano hierárquico, três entidades políticas autônomas: a União, os Estados-membros e os Municípios; além do Distrito Federal. Diante disso, o legislador constituinte sentiu a necessidade de se entabular, na Constituição, vários princípios, para se erigir a paridade jurídica entre aquelas entidades, entre eles "a necessidade de cada ente federativo possuir uma esfera de competência tributária que lhe garanta renda própria, para o pleno exercício de suas autonomias política e administrativa"[34].

Nessa situação, Leandro Paulsen, em vultosa obra, aclara que "as pessoas políticas que compõem a Federação recebem diretamente da Constituição – e só dela – as suas parcelas do poder fiscal. A Constituição é que define a competência tributária de cada uma"[35]. Assim,

---

[31] DALLARI, Dalmo de Abreu. **Elementos de Teoria Geral do Estado**. 32. ed. São Paulo: Saraiva, 2013, p. 112.
[32] HARADA, *op. cit.*, p. 349.
[33] CARVALHO. **Direito Tributário, Linguagem e Método**, p. 210-211.
[34] MORAES, *op. cit.*, p. 844.
[35] PAULSEN, Leandro. **Direito Tributário: Constituição e Código Tributário à luz da doutrina e da jurisprudência**. 8. ed. Porto Alegre: Livraria do Advogado, 2006, p. 35.

"ao poder tributário juridicamente delimitado e, sendo o caso, dividido dá-se o nome de *competência tributária*"[36].

Contudo, deve-se deixar claro que não cabe à Constituição Federal a criação de tributos, mas, apenas e tão somente, a outorga de competência impositiva tributária. Nesse sentido, esclarecedoras são as palavras de Luciano Amaro, ao afirmar que:

> A Constituição não cria tributos; ela outorga *competência tributária*, ou seja, atribui *aptidão para criar tributos*. Obviamente, ainda que referidas na Constituição as notas que permitem identificar o perfil genérico do tributo (por exemplo, "renda", "prestação de serviços" etc.), a efetiva *criação de tributo* sobre tais situações depende de a competência atribuída a este ou àquele ente político ser exercitada, fazendo atuar o mecanismo formal (também previsto na Constituição) hábil à instituição do tributo: a lei[37].

Concordando com esse raciocínio, Paulo de Barros Carvalho explicita a condição necessária para inaugurarem-se direitos e deveres no plano jurídico:

> Por força do princípio da legalidade (CF, art. 5.º, II), a ponência de normas jurídicas *inaugurais* no sistema há de ser feita, exclusivamente, por intermédio de lei, compreendido este vocábulo no seu sentido lato. Em qualquer segmento da conduta social, regulada pelo direito, é a lei o instrumento introdutor dos preceitos jurídicos que criam direitos e deveres correlatos[38].

Posto isso, evidencia-se a relevância das normas de atribuição de competência tributária dentro do Sistema Constitucional Tributário, dado que essas normas irão conferir direitos subjetivos às entidades políticas para a instituição de suas respectivas exações fiscais. À vista disso, categórica é a exposição de Cristiano Rosa de Carvalho sobre essa estrutura:

> Como vimos, o sistema autopoiético do direito, ou, em outras palavras, o sistema dinâmico e complexo que é o ordenamento jurídico, é auto-gerativo, i.e., cria seus próprios elementos. Para que possa produzir seus próprios elementos, é necessário que seja auto-referenciável, que tenha em si próprio as suas regras de formação. Portanto, a estrutura do sistema faz com que os seus elementos ditam a forma como outros elementos serão formados. Aqueles elementos são as metanormas ou regras de competência. No direito tributário, são as regras de competência tributária, que se dividem em legislativa e administrativa[39].

Competência legislativa, como assevera Paulo de Barros Carvalho, "é a aptidão de que são dotadas as pessoas políticas para expedir regras jurídicas, *inovando* o ordenamento positivo"[40]. Tal expressão, quando empregada na Constituição para autorizar as pessoas políticas a legislarem sobre matéria tributária, transmuta-se em "competência legislativa tributária", ou, apenas, "competência tributaria". Cuida-se de especificação da própria

---

36 MACHADO, *op. cit.*, p. 54.
37 AMARO, *op. cit.*, p. 99.
38 CARVALHO. **Curso de Direito Tributário**, p. 235.
39 CARVALHO, *op. cit.*, p. 864.
40 CARVALHO, *op. cit.*, p. 239.

competência legislativa, "posta como aptidão de que são dotadas aquelas pessoas para expedir regras jurídicas, inovando o ordenamento, e que se opera pela observância de uma série de atos, cujo conjunto caracteriza o procedimento legislativo"[41].

Competência legislativa tributária, por sua vez, é a aptidão de que são dotadas as pessoas políticas para criar tributos. No Ordenamento Jurídico Brasileiro, os tributos são criados por meio de lei, por determinação do princípio da legalidade tributária (art. 150, I, da C.R.F.B./1988).

Descrevendo em minúcias o modo como a competência tributária é exercida, Paulo de Barros Carvalho assim externa-se:

> Manifesta-se, de fato, a competência tributária, ao desencadearem-se os mecanismos jurídicos do processo legislativo, acionado, respectivamente, nos planos federal, estadual e municipal. Por esse *iter*, rigidamente seguido em obediência às proposições prescritivas existentes, a União, os Estados, o Distrito Federal e os Municípios elaboram as leis (acepção larga), que são promulgadas e, logo depois, expostas ao conhecimento geral pelo ato de publicação. Vencidas as dificuldades desse curso formativo, ingressam os textos legislados no ordenamento em vigor, surgindo a disciplina jurídica de novas situações tributárias, no quadro do relacionamento da comunidade social. Foi exercida a competência, enriquecendo-se o direito positivo com o acréscimo de outras unidades normativas sobre tributos[42].

Como resultado disso, exercitar a competência tributária é dar à luz, no plano abstrato, a tributos. "Portanto, competência tributária é a possibilidade de criar, *in abstracto*, tributos, descrevendo, legislativamente, suas hipóteses de incidência, seus sujeitos ativos, seus sujeitos passivos, suas bases de cálculo e suas alíquotas"[43].

Em vista disso, convém trazer a lume a lição de Roque Antonio Carrazza:

> Resulta do exposto que a competência tributária pode ser colocada no plano da atividade tributária em sentido primário (abstrato, legislativo), sendo lógica e cronologicamente anterior ao nascimento do tributo. Deveras, o tributo só vai irromper, *in concreto*, quando, tendo uma lei traçado, cuidadosamente, todos os aspectos da norma jurídica tributária, verifica-se, no mundo fenomênico, o fato imponível (fato gerador *in concreto*). Pois bem, a competência tributária, como vimos, é exatamente a faculdade de editar esta lei, criando, *in abstracto*, o tributo[44].

Dito isso, infere-se que as competências tributárias deverão ser exercidas em fiel observância aos ditames constitucionais, que consagram, especificamente, limitações ao poder de tributar, com a exaltação de princípios e imunidades tributárias.

---

[41] CARVALHO, **Direito Tributário, Linguagem e Método**, p. 232.
[42] *Ibidem*, p. 231.
[43] CARRAZZA, Roque Antonio. **Curso de Direito Constitucional Tributário**. 23. ed. São Paulo: Malheiros, 2007, p. 483-484.
[44] *Ibidem*, p. 485-486.

Roque Antonio Carrazza examina a competência tributária no que diz respeito às suas características[45], salientando seis qualidades, quais sejam: **1)** Privatividade; **2)** Indelegabilidade; **3)** Incaducabilidade; **4)** Inalterabilidade; **5)** Irrenunciabilidade; e **6)** Facultatividade do Exercício.

De modo resumido, expomos, aqui, o pensamento do supracitado doutrinador, no que se refere às qualidades da competência tributária:

> Em suma, a competência tributária identifica-se com a *permissão* para criar tributos, isto é, com o direito subjetivo de editar normas jurídicas tributárias. Como vimos, a Constituição conferiu este direito subjetivo às pessoas políticas e a ninguém mais. E – agora acrescentamos – de modo inalterável. É que as pessoas políticas, sendo simples delegadas, não têm poderes para alterar as faculdades tributárias que lhes foram atribuídas pela Carta Suprema[46].

E, em outro ponto, elucida o ilustre professor da Pontifícia Universidade Católica de São Paulo:

> Temos, pois, que o titular da competência tributária não pode nem substancialmente modificá-la, nem aliená-la, nem renunciá-la. Admite-se, todavia, que a deixe de exercitar, que a exercite apenas em parte ou que, após exercitá-la, venha a perdoar o débito tributário nascido ou a permitir que ele seja saldado em prestações sucessivas. Tudo com base em *lei*[47].

A doutrina concebe uma classificação didática da competência tributária, dividindo-a em: privativa, comum, especial e residual; além da extraordinária, pertencente à União. A propósito, cabe trazer à baila as considerações feitas por Luciano Amaro acerca deste tema:

> Designa-se *privativa* a competência para criar *impostos* atribuída com *exclusividade* a este ou àquele ente político; assim, o imposto de importação seria de competência privativa da União; o ICMS pertenceria à competência privativa dos Estados e Distrito Federal; o ISS comporia a competência privativa dos Municípios e do Distrito Federal. Diz-se *residual* a competência (atribuída à União) atinente aos outros *impostos* que podem ser instituídos sobre situações não previstas. Seria *comum* a competência (referente às *taxas* e *contribuição de melhoria*) *atribuída a todos os entes políticos*: União, Estados, Distrito Federal e Municípios. [...]
> Na verdade, no plano dos impostos da União, além de sua competência *ordinária*, há, em caso de guerra, uma competência *extraordinária*, com base na qual, a par dos impostos ditos *"privativos"* da União, e dos que ela possa criar no campo *residual*, lhe é autorizado estabelecer impostos que, *ordinariamente*, pertencem à competência dos outros entes políticos (CF, art. 154, II)[48].

A competência especial, por sua vez, retrata-se ao poder de instituir empréstimos compulsórios, pela União, e contribuições especiais, outorgadas à União e, em se tratando de

---

[45] CARRAZZA, *op. cit.*, p. 497 *et seq.*
[46] *Ibidem*, p. 486.
[47] *Ibidem*, p. 485.
[48] AMARO, *op. cit.*, p. 95.

contribuições sociais destinadas aos servidores públicos, também, aos Estados, Distrito Federal e Municípios.

O Código Tributário Nacional, em seu art. 6°, estabelece que:

> Art. 6° A atribuição constitucional de competência tributária compreende a competência legislativa plena, ressalvadas as limitações contidas na Constituição Federal, nas Constituições dos Estados e nas Leis Orgânicas do Distrito Federal e dos Municípios, e observado o disposto nesta Lei.
> Parágrafo único. Os tributos cuja receita seja distribuída, no todo ou em parte, a outras pessoas jurídicas de direito público pertencerá à competência legislativa daquela a que tenham sido atribuídos.

"Pela *distribuição de receitas* o que se divide entre as referidas entidades é o produto da arrecadação do tributo por uma delas instituído e cobrado"[49]. Portanto, "a distribuição da receita não afeta a competência"[50].

Ainda, a União, os Estados, o Distrito Federal e os Municípios estão obrigados a observar as normas gerais de Direito Tributário, que são estabelecidas por meio de lei complementar, como determina o art. 146 da Constituição Federal.

Consolidada essa exposição, passar-nos-emos, em seguimento ao estudo proposto, a elucubrar as distinções existentes entre a competência legislativa tributária e sua respectiva competência administrativa.

1.3.1.   Competência Legislativa Tributária e Capacidade Tributária Ativa

A competência tributária não se confunde com a capacidade tributária ativa. A competência legislativa tributária é atribuída, invariavelmente, pela Constituição a uma pessoa jurídica de direito público interno, munida de poder legislativo. Por outro lado, a capacidade tributária ativa pode ser fixada pela Constituição Federal ou, como comumente ocorre, por meio de lei, sendo concedida a ente diverso daquele ao qual é atribuída a competência legiferante, fazendo-se exercer mediante a prática de atos administrativos.

Nada obsta, porém, que o ente estatal dotado de competência tributária tenha, também, capacidade tributária. "Com a edição de lei exerce a competência, e com a prática de atos administrativos, a capacidade tributária"[51].

Outra vez mais, buscamos nas eruditas lições de Paulo de Barros Carvalho um aclaramento sobre a temática ofertada:

> Uma coisa é poder legislar, desenhando o perfil jurídico de um gravame ou regulando os expedientes necessários à sua funcionalidade; outra é reunir

---

[49] MACHADO, *op. cit.*, p. 55.
[50] *Ibidem*, p. 285.
[51] *Ibidem*, p. 54.

credenciais para integrar a relação jurídica, no tópico de sujeito ativo. O estudo da competência tributária é um momento anterior à existência mesmo do tributo, situando-se no plano constitucional. Já a capacidade tributária ativa, que tem como contranota a capacidade tributária passiva, é tema a ser considerado no ensejo do desempenho das competências, quando o legislador elege as pessoas componentes do vínculo abstrato, que se instala no instante em que acontece, no mundo físico e social, o fato previsto na hipótese normativa[52].

De modo aprofundado, Cristiano Rosa de Carvalho, em estudo sobre o assunto, igualmente assevera:

> A competência legislativa tratará da instituição e alteração da norma tributária em sentido estrito, que cria, altera e extingue direitos e deveres, inovando o ordenamento. A competência tributária administrativa trata da fiscalização e arrecadação dos tributos criados pelo exercício da competência legislativa. A que é delegada ao particular consubstancia-se na obrigação acessória ou dever instrumental de formalizar os atos preparatórios do recolhimento de tributos, seus ou de terceiros. Seja como for, a competência é exercida sempre por meio da ejeção de normas no ordenamento[53].

Exaramos, neste contexto, que a competência legislativa alude à criação de tributos, e não à sua mera arrecadação, encargo que se relaciona com o exercício da função administrativa. "Conforme já consignamos, o exercício da competência tributária é uma das manifestações do exercício da função legislativa, que flui da Constituição. Em suma, criar tributos é legislar; arrecadá-los, administrar"[54].

Posto isso, baseando-nos em preceito estabelecido no altiplano constitucional, evidenciamos uma distinção contundente entre as referidas competências, qual seja: a competência legislativa tributária é indelegável, enquanto a capacidade tributária ativa assim não se comporta.

Ademais, quem recebe poder legislativo pode exercê-lo, não sendo, porém, compelido a deste modo proceder. Entretanto, ao não aproveitar a faculdade legislativa que possui, a pessoa política que a recebeu não poderá delegá-la a qualquer outra.

A pessoa política à qual tenha a Constituição outorgado competência para instituir determinado tributo não pode transferir esta competência. "Admitir a delegação de competência para instituir tributo é admitir seja a Constituição alterada por norma infraconstitucional"[55]. No entanto, tal delegação seria possível tão somente se uma norma da própria Constituição a autorizasse.

Contudo, a esse regime jurídico não se sujeita a capacidade tributária ativa, visto que "é perfeitamente possível que a pessoa habilitada para legislar sobre tributos edite a lei,

---

[52] CARVALHO, op. cit., p. 238.
[53] CARVALHO, op. cit., p. 865.
[54] CARRAZZA, op. cit., p. 484-485.
[55] MACHADO, op. cit., p. 285.

nomeando outra entidade para compor o liame, na condição de sujeito titular de direitos subjetivos, o que nos propicia reconhecer que a capacidade tributária ativa é transferível"[56].

A atribuição de capacidade tributária ativa compreende, tanto quanto, as garantias e os privilégios processuais da entidade que a efetua, a qual pode, a qualquer tempo, revogar tal atribuição (art. 7º, § 1º e § 2º, do Código Tributário Nacional).

Não constitui delegação de competência tributária o cometimento a pessoas de direito privado do encargo ou da função de arrecadar tributos (art. 7º, § 3º, do Código Tributário Nacional), mera função de "caixa", atribuída atualmente aos estabelecimentos bancários.

Realizada essa distinção, ater-nos-emos, em arremate a este capítulo, às particularidades da competência legislativa para a instituição de contribuições especiais.

1.3.2. Competência Legislativa para a instituição de Contribuições Especiais

Fabiana Del Padre Tomé ensina-nos que em razão de a repartição de competências tributárias, no Brasil, dar-se de forma rígida e exaustiva, "torna-se imprescindível, no estudo de qualquer espécie tributária, a análise das normas constitucionais que outorgam competência para sua instituição"[57].

Sendo assim, dedicar-nos-emos, neste ponto, ao estudo da competência tributária que outorga aptidão para a instituição de contribuições especiais, espécies notadamente tributárias, recebendo, em vista disso, tratamento peculiar pelo Diploma Maior.

De maneira sintetizada, Eduardo Sabbag nomeia e deslinda o substrato constitucional das tocantes contribuições:

> Tais *contribuições especiais*, de âmbito federal, constam do art. 149, *caput*, da CF. Podem ser assim denominadas: contribuições *profissionais* ou *corporativas*; contribuições *interventivas* ou *CIDEs*; e contribuições *social-previdenciárias* (art. 195, CF). No art. 149, § 1º, da CF, exsurgem as contribuições sociais estaduais ou municipais, para os servidores públicos dos Estados, Distrito Federal e Municípios. Ademais, desponta, no art. 149-A da CF, uma contribuição municipal, de competência dos Municípios e Distrito Federal – a Contribuição para o Custeio do Serviço de Iluminação Pública (CIP ou COSIP)[58].

O artigo 149 da Carta Política prescreve competência tributária exclusiva da União para instituir contribuições sociais (incluindo-se aquelas previstas no art. 195 da

[56] CARVALHO, *op. cit.*, p. 239.
[57] TOMÉ, Fabiana Del Padre. **Contribuições para a Seguridade Social: à Luz da Constituição Federal**. Curitiba: Juruá, 2002, p. 155.
[58] SABBAG, Eduardo. **Manual de Direito Tributário**. 6. ed. São Paulo: Saraiva, 2014, p. 404.

Constituição da República), de intervenção no domínio econômico e de interesse das categorias profissionais ou econômicas, como expediente de sua atuação nas referidas áreas. Tais contribuições devem observar as normas gerais em matéria tributária (art. 146, III, da C.R.F.B./1988) e os princípios da legalidade (art. 150, I, da C.R.F.B./1988), irretroatividade (art. 150, III, *a*, da C.R.F.B./1988) e anterioridade tributária (art. 150, III, *b* e *c*, da C.R.F.B./1988).

Contudo, as contribuições sociais (constantes do art. 195 do Texto Supremo) devem específica observância ao princípio da anterioridade *nonagesimal* (art. 195, § 6º, da C.R.F.B./1988), não se lhes aplicando o princípio da anterioridade de exercício financeiro (art. 150, III, *b*, da C.R.F.B./1988).

Em relação às contribuições sociais e interventivas, "o texto constitucional expressamente determina que *não incidirão* sobre as receitas decorrentes de exportação; e que *incidirão* também sobre a importação de produtos estrangeiros ou serviços"[59].

Determina, ainda, o artigo 149 da Constituição Cidadã, em seu § 1º, que Estados, Distrito Federal e Municípios poderão instituir contribuição, cobrada de seus servidores, para o custeio, em benefício destes, do regime previdenciário de que trata o artigo 40 do Texto Maior, cuja alíquota não será inferior à da contribuição dos servidores titulares de cargos efetivos da União.

Nesse sentido, Fabiana Del Padre Tomé, em apertada síntese, discorre a respeito da competência para a criação de tais contribuições:

> No que diz respeito às contribuições, observamos que sua criação compete exclusivamente à União (*caput* do art. 149 da Carta Magna), motivo pelo qual concluímos serem de competência privativa da União as contribuições destinadas ao financiamento da seguridade social (art. 195 da Constituição Federal). Excetuam-se, todavia, as contribuições exigidas dos servidores estaduais, distritais e municipais, para custeio dos respectivos sistemas de previdência e assistência social (parágrafo único do art. 149 do Texto Maior), que podem ser instituídas pela pessoa política a que pertencer o servidor (Estado, Distrito Federal ou Município)[60].

Por outro giro, estabelece o artigo 149-A do Texto Magno que os Municípios e o Distrito Federal poderão instituir contribuição para o custeio do serviço de iluminação pública, devendo obedecer, tanto quanto as demais contribuições, os princípios da legalidade (art. 150, I, da C.R.F.B./1988), da irretroatividade (art. 150, III, *a*, da C.R.F.B./1988) e da anterioridade tributária (art. 150, III, *b* e *c*, da C.R.F.B./1988). Ademais, o mencionado

---

[59] MORAES, *op. cit.*, p. 849.
[60] TOMÉ, *op. cit.*, p. 155.

dispositivo, em seu parágrafo único, estipula a facultatividade da cobrança desta contribuição na fatura do consumo de energia elétrica.

A respeito disso, Hugo de Brito Machado tece algumas considerações sobre a faculdade estabelecida no parágrafo único, do art. 149-A, da Constituição Federal:

> O fato de haver a norma, inserida na Constituição pela Emenda n. 39, dito ser facultada a cobrança da aludida contribuição na fatura de energia elétrica, com certeza não quer dizer que possa o pagamento daquela contribuição ser colocado como condição para o pagamento da conta de energia elétrica.
> Realmente, uma coisa é a cobrança da contribuição ser feita na fatura de consumo de energia elétrica. Outra, bem diversa, é a exigência do pagamento da contribuição como uma condição para o pagamento da fatura de energia[61].

Cabe, ainda, à União a instituição, mediante lei complementar, de contribuições residuais (art. 195, § 4º, da Carta do Povo), desde que sejam não-cumulativas e não tenham fato gerador ou base de cálculo próprios dos discriminados na Constituição Federal (art. 154, I, da C.R.F.B./1988).

Admite-se, também, que a União institua contribuição provisória sobre movimentação ou transmissão de valores e de créditos e direitos de natureza financeira (art. 74 do Ato das Disposições Constitucionais Transitórias), não podendo sua alíquota exceder a vinte e cinco centésimos por cento (0,25%), estando sua arrecadação destinada ao Fundo Nacional de Saúde, ficando sua exigibilidade subordinada ao princípio da anterioridade *nonagesimal* (art. 195, § 6º, da C.R.F.B./1988), não se lhe aplicando o princípio da anterioridade de exercício financeiro (art. 150, III, *b*, da C.R.F.B./1988), e não podendo ser cobrada por prazo superior a dois anos. Além disso, deve haver a sua incidência, ao lado do Imposto sobre Operações Financeiras, sobre o ouro, quando definido em lei como ativo financeiro ou instrumento cambial.

Por fim, cumpre ressaltar que a norma que atribui competência tributária, no âmbito das contribuições, tem o encargo de reunir os elementos que configuram o regime jurídico tributário dessas exações. "Por isso, além de prescrever os dispositivos que fundamentam a regra-matriz de incidência tributária, a norma de competência determina, também, qual destino deve ser dado ao produto de arrecadação"[62].

A competência tributária, neste aspecto, irá vincular a instituição da norma jurídica tributária à norma jurídica financeira, que predetermina o destino do produto arrecadado. Nessa lógica, Tácio Lacerda Gama observa:

---

[61] MACHADO, *op. cit.*, p. 430-431.
[62] CARVALHO, *op. cit.*, p. 235.

O objeto da relação jurídica de competência é a permissão para criar determinado tributo, que coincide com os enunciados que dão substância ao regime jurídico. Mais especificamente, é possível identificar nesse objeto uma regra-matriz de incidência tributária possível, vista como o campo de possibilidades para escolha da hipótese de incidência, base de cálculo, alíquotas e sujeitos da relação jurídica. Não se pode ignorar também, naqueles tributos especialmente identificados pela sua finalidade, o destino prescrito para o produto da arrecadação como objeto da competência. Isso porque, nesse tipo de tributo, o desvio de finalidade poderá implicar a desqualificação da sua natureza específica, por força disso, do seu regime jurídico[63].

Diante disso, torna-se evidente a rigidez que permeia, no Brasil, o Sistema Constitucional Tributário, não podendo tal fato ser desprezado pelo legislador infraconstitucional e, inclusive, pelo intérprete do direito, sob pena, respectivamente, de flagrante inconstitucionalidade e acentuada incoerência, nas atividades que estes se propõem a realizar.

No capítulo seguinte, avançaremos no estudo das contribuições especiais, especificamente daquelas destinadas ao custeio da seguridade social, sem olvidarmos, não obstante, dos preceitos até aqui expostos.

---

[63] GAMA, Tácio Lacerda. Contribuições Especiais: Natureza e Regime Jurídico, *in*: DE SANTI, Eurico Marcos Diniz (Org.). **Curso de Especialização em Direito Tributário** – Estudos Analíticos em Homenagem a Paulo de Barros Carvalho, 1. ed. Rio de Janeiro: Forense, 2007, p. 1158.

2. CONTRIBUIÇÕES ESPECIAIS

2.1. Definição Jurídica

A expressão "contribuições especiais" refere-se a um conjunto extenso e diversificado de tributos, filiados pela qualidade partilhada de serem instituídos como instrumentos de atuação estatal na área social, no domínio econômico e nas categorias profissionais ou econômicas (art. 149, *caput*, da C.R.F.B./1988).

À vista disso, as contribuições especiais podem ser agrupadas de diversas formas. Porém, ater-nos-emos, neste ponto, às respectivas funções de cada uma delas.

Assim, vislumbramos três funções pertinentes às contribuições em estudo, quais sejam: fiscal, parafiscal e extrafiscal.

Direcionando o enfoque para a pessoa incumbida de efetuar a arrecadação e o respectivo uso dos valores arrecadados, destacar-se-á, nitidamente, a função fiscal, isto é, meramente arrecadatória, das contribuições sociais genéricas ou "gerais", haja vista serem arrecadas e empregadas pela própria União para se alcançar os objetivos elencados no Título VIII (da Ordem Social) da Carta Cidadã.

Ademais, insta mencionar que a contribuição a que se refere o artigo 149-A do Texto Político possui, também, função estritamente arrecadatória, estando sua arrecadação e, ulterior, aplicação da receita percebida atribuída aos Municípios e Distrito Federal, destinando-se a custear o serviço local de iluminação pública.

Por sua vez, as contribuições para a seguridade social, bem como as contribuições de interesse de categorias profissionais ou econômicas, apresentam manifesta função parafiscal, visto que "destinam-se a suprir de recursos financeiros entidades do Poder Público com atribuições específicas, desvinculadas do Tesouro Nacional, no sentido de que dispõem de orçamento próprio"[64].

Dessa maneira, podemos verificar a funcionalidade dessas contribuições ao se denotar as suas respectivas formações de receita.

Sendo assim, as contribuições para a seguridade social, nos termos do artigo 165, § 5º, III, do Texto Supremo, devem integrar a receita do orçamento da seguridade social. De outra banda, as contribuições corporativas ou profissionais compõem a receita dos orçamentos

---

[64] MACHADO, *op. cit.*, p. 419.

das entidades representativas das referentes corporações. Evidenciando-se, destarte, a função parafiscal de tais exações.

Desse modo, no contexto da parafiscalidade, a instituição do tributo é realizada por um ente político com poder legiferante[65] (competência tributária), já as atividades administrativas de arrecadação e fiscalização, são realizadas pelo ente parafiscal (capacidade tributária ativa).

As contribuições de intervenção no domínio econômico, por seu turno, vinculam-se ao órgão da Administração Pública encarregado de elaborar ações de intervenção estatal na economia, ou de administrar fundos relativos a estas.

Em suma, as contribuições[66] são tributos destinados ao custeio de despesas específicas, advindo do cenário de intervenção do Estado na esfera social e econômica, obstinadamente cumprindo-se, por meio delas, os preceitos orientadores da política governamental.

Por fim, cabe ressaltar que com a edição do art. 4 °, inciso I, do Código Tributário Nacional, pretendeu-se garantir que a mera denominação não seria o suficiente para verificar-se a natureza jurídica de um tributo, vejamos:

> Art. 4° A natureza jurídica específica do tributo é determinada pelo fato gerador da respectiva obrigação, sendo irrelevantes para qualificá-la:
> I - a denominação e demais características formais adotadas pela lei; [...]

Assim, primordial seria a maneira como se define essa nomenclatura, determinando os traços característicos que distinguem esse objeto dos demais.

Diante disso, podemos definir juridicamente contribuições especiais como sendo tributos, com destinação específica do montante arrecado, sendo o produto de sua arrecadação não restituível ao contribuinte e apresentando hipóteses de incidência desvinculadas de qualquer atuação estatal.

Através dessa definição, constata-se que o primeiro atributo permite destacar as contribuições especiais das demais prestações, enquanto os outros traços caracterizadores servem para, no âmago fiscal, distinguir as contribuições especiais das restantes espécies tributárias, subordinadas a regimes jurídicos distintos.

Vislumbrada essa definição, passaremos a averiguar, no item posterior, a natureza jurídica dessa peculiar exação fiscal.

2.1.1.   Natureza Jurídica

---

[65] No caso das contribuições especiais, comumente o respectivo ente será a União.
[66] O termo "contribuições", neste capítulo, será empregado como sinônimo de "contribuições especiais".

Verificar a natureza jurídica é perquirir as características de uma classe. Logo, a natureza jurídica constitui-se no amontoado de características que definem o objeto, distinguindo-o dos demais.

A natureza jurídica reflete no regime jurídico aplicável. Não possuindo natureza jurídica tributária, as normas que integram seu regime jurídico serão outras.

A par do conceito de tributo exposto no capítulo I[67], constata-se que se atendidos aqueles requisitos, não restará questionamentos sobre o caráter tributário da prestação sob análise.

Em vista disso, ocupando-nos da análise da natureza jurídica das contribuições especiais, aferimos que tal exação adequa-se ao conceito supramencionado, acatando, por conseguinte, a posição sustentada majoritariamente pela doutrina e jurisprudência, no sentido de que as contribuições especiais possuem, decerto, natureza jurídica tributária.

Ademais, como observado, ainda, no capítulo I[68], as contribuições especiais reportam-se, seguramente, a uma espécie tributária autônoma, destacando-se, todavia, a necessidade de se utilizar mais de um critério para discriminar as espécies tributárias previstas na Constituição Federal.

Como vimos, algumas das contribuições especiais possuem função extrafiscal, servindo como instrumento de políticas públicas, objetivando coibir ou estimular determinadas condutas sociais, em harmonia com a orientação política vigente. Contudo, o mero desempenho dessa função não justifica a sua instituição, dado que, para tanto, já existem os impostos (como, por exemplo, na utilização dada à propriedade, nas operações comerciais destinadas ao exterior, na industrialização de produtos etc.).

Portanto, como bem demonstra Tácio Lacerda Gama, "uma contribuição especial, embora possa buscar fins extrafiscais, além dos meramente arrecadatórios, precisa ser instituída para fazer frente a despesas específicas, senão sua natureza será de imposto e não de verdadeira contribuição"[69].

Tributos desvinculados de uma atuação estatal preveem, no aspecto material de sua hipótese de incidência, um ato ou fato privado, sem qualquer participação do Estado em sua realização. Neste cenário encontram-se as contribuições especiais, posto que o artigo 149 do Diploma Maior, responsável pela validade jurídica da maior parte delas, não indica sequer

---

[67] *Cf.* item 1.1.1.
[68] *Cf.* item 1.1.2.
[69] GAMA, *op. cit.*, p. 1148.

uma materialidade delimitada, e, nos raríssimos casos em que isto ocorre, como no artigo 195 do Texto Magno, há referência a folha de salários, receita, faturamento, lucro etc., não se exibindo ações desempenhadas pelo Estado.

O mesmo pode-se dizer do artigo 149-A da Carta Magna, que autoriza, aos Municípios e ao Distrito Federal, a instituição de contribuição para o custeio do serviço de iluminação pública, visto que os fatos imponíveis e as bases de cálculo possíveis têm em consideração fatos particulares, como, *e.g.*, a média do consumo de energia elétrica ou a extensão do imóvel.

Dessa forma, evidencia-se que as contribuições especiais são tributos desvinculados de uma atuação estatal.

Além disso, as referidas contribuições possuem como característica a não restituição do valor arrecadado aos contribuintes, não se identificando com o empréstimo compulsório, embora este também seja arrecadado para atender a finalidades específicas e possua hipótese de incidência desvinculada de uma atuação estatal.

Posto isso, restam demonstradas as características que uma prestação deve ter para compor o conjunto de tributos denominado "contribuições especiais". Nessa situação, sua natureza jurídica específica atribui-lhe um regime jurídico próprio, como será analisado.

2.1.2. Regime Jurídico

O regime jurídico tributário constitui-se no conjunto de normas que prescrevem competência impositiva tributária, princípios constitucionais tributários, imunidades tributárias e enunciados complementares, regulando-se, por meio delas, a instituição, fiscalização e interpretação das normas jurídicas tributárias que veiculam tributos. Por outro ângulo, conhecer o sentido dessas normas serve, também, para se determinar os critérios de validade de um determinado tributo.

No entanto, as referidas normas, que compõem o regime jurídico tributário, cumprem essa função de maneiras dissemelhantes, conforme se refiram direta ou indiretamente ao tributo que será instituído. Nesse sentido, Tácio Lacerda Gama, em monografia a respeito do tema, elucida essa distinção:

> Ficam incluídos no regime jurídico direto todos os enunciados prescritivos relacionados a uma espécie de tributo definida. Quando o enunciado faz referência aos impostos, ou a um tipo de imposto, às taxas ou contribuições, sem mencionar os demais, sua aplicação é restrita, diretamente relacionada à

espécie. É do tipo indireto aquele enunciado que se refere ao gênero tributo, atingindo, consequentemente, as suas espécies[70].

Essa distinção, sem embargo, tem papel meramente didático, não repercutindo na força prescritiva imanente àquelas normas.

As contribuições especiais possuem finalidades distintas, dividindo-se, em decorrência disto, em subespécies, denominadas: interventivas, corporativas e sociais, que se subdividem em sociais "gerais" e sociais para a seguridade social; além daquela destinada ao custeio do serviço de iluminação pública.

Não obstante as contribuições especiais submeterem-se a um regime jurídico autônomo relativamente aos restantes dos tributos, cada uma das subespécies elencadas apresenta um regime jurídico com patentes peculiaridades.

No capítulo I[71], verificamos detidamente quais normas autorizam a instituição de cada uma das subespécies de contribuições especiais. Essas normas servem como ponto de partida para a identificação do regime jurídico aplicável, pois é a partir delas que se autoriza um ente político a instituir contribuições especiais.

Resumidamente, podemos citar, como exemplo desse tipo de norma, os artigos 149, 149-A e 195 do Diploma Maior, além do artigo 177, § 4º, do Texto Magno, previsto no Capítulo I (Dos Princípios Gerais da Atividade Econômica), do Título VII (Da Ordem Econômica e Financeira), que outorga aptidão para a instituição, pela União, de contribuição de intervenção no domínio econômico relativa às atividades de importação ou comercialização de petróleo e seus derivados, gás natural e seus derivados e álcool combustível.

Segundo Roque Antonio Carrazza, princípio jurídico consiste em:

> [...] *um enunciado lógico, implícito ou explícito, que, por sua grande generalidade, ocupa posição de preeminência nos vastos quadrantes do Direito e, por isso mesmo, vincula, de modo inexorável, o entendimento e a aplicação das normas jurídicas que com ele se conectam*[72].

Portanto, torna-se necessário identificar os princípios jurídicos que vinculam a interpretação e a aplicação das normas jurídicas instituidoras de contribuições especiais, para que se possa avançar na averiguação do regime jurídico cabível a tais contribuições.

Em virtude do foco deste trabalho estar nas contribuições destinadas ao custeio da seguridade social, ater-nos-emos, na generalidade do estudo proposto, aos princípios e imunidades que tais contribuições necessitam respeitar. Contudo, realizaremos breves

---

[70] GAMA, *op. cit.*, p. 1151.
[71] *Cf.* item 1.3.2.
[72] CARRAZZA, *op. cit.*, p. 39.

apontamentos sobre os institutos que se aplicam de maneira geral para todas as contribuições especiais.

Por meio do artigo 149 da Carta Política, constatam-se alguns dos princípios que devem ser respeitados quando da edição da norma jurídica tributária instituidora de uma contribuição (o mesmo entendimento se aplica às contribuições para o custeio do serviço de iluminação pública, nos termos do art. 149-A, *caput*, da Lei Suprema), quais sejam: estrita legalidade tributária, anterioridade tributária e irretroatividade da lei tributária.

Todavia, existem princípios concernentes à instituição de qualquer tributo – denominados "genéricos", em contraposição àqueles a que se reportam os artigos 149, 149-A e 195 do Texto Maior, qualificados como "específicos" –, devendo ser indiretamente observados quando da instituição e cobrança das contribuições especiais, em razão de sua inquestionável natureza tributária. Como exemplo de tais princípios, podemos mencionar os da isonomia tributária, da vedação de tributo com efeito de confisco e da capacidade contributiva.

No caso das contribuições para a seguridade social, estas deverão observar o princípio da anterioridade *nonagesimal*, não se lhes aplicando o princípio da anterioridade de exercício financeiro (art. 150, III, *b*, da Carta Maior), nos termos do artigo 195, § 6º, da Lei das Leis. Portanto, tais contribuições somente poderão ser exigidas após decorridos noventa dias da data da publicação da lei que as houver instituído ou modificado, não necessitando, porém, aguardar-se o interstício de um exercício financeiro para a sua cobrança.

Conforme Paulo de Barros Carvalho, imunidade tributária corresponde:

> [...] a classe finita e imediatamente determinável de normas jurídicas, contidas no texto da Constituição da República, e que estabelecem, de modo expresso, a incompetência das pessoas políticas de direito constitucional interno para expedir regras instituidoras de tributos que alcancem situações específicas e suficientemente caracterizadas[73].

Assim como os princípios, podemos classificar as imunidades tributárias em gerais e específicas. Como denota Tácio Lacerda Gama:

> Entendem-se por imunidades genéricas aquelas prescritas para todo e qualquer tributo, ao passo que as imunidades específicas dizem respeito somente a determinada espécie tributária. O critério de distinção está no próprio direito positivo: quando há referência a "tributos", tem-se uma imunidade genérica; quando há referência a uma espécie tributária – impostos, por exemplo – há uma imunidade específica[74].

A título de exemplo, o artigo 149, § 2º, I, da Constituição Cidadã estipula uma imunidade específica, atinente às contribuições sociais e de intervenção no domínio

---

[73] CARVALHO, *op. cit.*, p. 341.
[74] GAMA, *op. cit.*, p. 1153-1154.

econômico, negando expressamente a incidência destas contribuições sobre as receitas decorrentes de exportação.

Em referência a essa imunidade, Leandro Paulsen delimita a sua abrangência, advertindo que a imunidade das receitas alcança apenas os tributos que incidem sobre tal base econômica, como se nota pela transcrição a seguir:

> Este inciso, inserto no § 2º, aplica-se às contribuições sociais (quaisquer delas: gerais e de seguridade) e às contribuições de intervenção no domínio econômico. Por se referir às "receitas decorrentes de exportação", falece à União competência para exigir a COFINS e o PIS (contribuições de seguridade social que têm por fato gerador a receita) sobre receitas obtidas pelas empresas com a exportação de bens e serviços. O mesmo pode-se dizer quanto às contribuições sobre a receita substitutivas das contribuições sobre a folha, como a contribuição sobre a receita das agroindústrias, referida em nota abaixo. A imunidade das receitas, note-se, alcança os tributos que incidem sobre tal base econômica tão-somente. Não se pode pretender aplicá-la à CSLL, à CPMF e a outras contribuições que não incidem sobre a "receita"[75].

Noutro momento, a Carta Maior estabelece, no artigo 195, II, imunidade relativamente às contribuições sociais do trabalhador e dos demais segurados da previdência social, negando a sua incidência sobre aposentadoria e pensão concedidas pelo regime geral de previdência social, de que trata o artigo 201 da Lei Suprema.

Entretanto, isso não significa que aposentados e pensionistas, subjetivamente considerados, são imunes a essas contribuições, posto que, no caso de permanecerem em atividade ou retornarem a exercer atividade vinculada ao Regime Geral de Previdência Social, deverão contribuir em relação a elas. Em suma, "os benefícios de aposentadoria e pensão são imunes, mas não salários e remunerações que o aposentado ou pensionista perceba"[76].

Por outro giro, aos servidores públicos, em seus regimes próprios de previdência social, a imunidade é garantida até o nível do benefício máximo do regime geral de previdência social, sendo-lhes cobrada contribuição relativamente ao que remanescer.

Nessa lógica, observemos o disposto no artigo 40, § 18, da Lei das Leis:

> Art. 40. Aos servidores titulares de cargos efetivos da União, dos Estados, do Distrito Federal e dos Municípios, incluídas suas autarquias e fundações, é assegurado regime de previdência de caráter contributivo e solidário, mediante contribuição do respectivo ente público, dos servidores ativos e inativos e dos pensionistas, observados critérios que preservem o equilíbrio financeiro e atuarial e o disposto neste artigo.
> § 18. Incidirá contribuição sobre os proventos de aposentadorias e pensões concedidas pelo regime de que trata este artigo que superem o limite máximo estabelecido para os benefícios do regime geral de previdência

---

[75] PAULSEN, op. cit., p. 182.
[76] PAULSEN, Leandro; VELLOSO, Andrei Pitten. **Contribuições: Teoria Geral, Contribuições em Espécie**. **3**. ed. Porto Alegre: Livraria do Advogado, 2015, p. 167.

social de que trata o art. 201, com percentual igual ao estabelecido para os servidores titulares de cargos efetivos.

Nota-se, pela leitura deste dispositivo, que a imunidade tributária dos proventos de aposentadorias e pensões do regime geral de previdência social, elencada no artigo 195, inciso II, do Texto Supremo, acha equivalência no § 18 do mandamento supracitado, que, por meio de uma interpretação a *contrario sensu*, assegura, igualmente, imunidade aos servidores públicos inativos e pensionistas até o patamar do benefício máximo do regime geral de previdência social.

Por sua vez, o artigo 195, § 7º, do Diploma Maior estipula que são isentas de contribuição para a seguridade social as entidades beneficentes de assistência social que atendam às exigências estabelecidas em lei.

Saliente-se que, conquanto empregado o termo "isentas", o preceito constitucional acima referido alude à verdadeira imunidade, dado que auxilia, de forma negativa, no contorno constitucional das competências tributárias.

A respeito desta regra imunizante, elencada no § 7º, do artigo 195, da Carta Política, cabe trazer à colação as ponderações de Fabiana Del Padre Tomé:

> A regra imunizante em questão alcança aquelas entidades que, sem apresentar fins lucrativos, dediquem-se a perseguir os objetivos traçados no artigo 203 da Carta Magna, que define o conceito constitucionalmente adotado de assistência social. Além disso, tais entidades devem atender às exigências estabelecidas em lei, lei esta que, por interpretação sistemática, conclui-se, só pode ser complementar (art. 146, II, da CF/88)[77].

À vista disso, conclui-se que as imunidades tributárias são aplicáveis às contribuições para o custeio da seguridade social, em contraposição ao preceito que determina a universalidade do custeio da Seguridade Social, pois, não obstante a Lei Maior preconize o financiamento da Seguridade Social por toda a sociedade, o próprio texto constitucional excepciona a observância à universalidade do custeio, ao prescrever as imunidades acima referidas.

Finalmente, cumpre salientar que as contribuições especiais estão, através de ditame constitucional, submetidas às normas gerais de direito tributário, aprazadas com o objetivo de se abalizar a instituição e cobrança de todo e qualquer tributo. Extirpando hesitações, o artigo 149, *caput*, da Carta Magna impõe que a instituição de contribuições deve observar o disposto no artigo 146, III, da Lei Maior.

Com efeito, admitir que as contribuições especiais submetem-se às normas gerais de direito tributário representa reconhecer a sujeição dessas exações aos preceitos do Código Tributário Nacional, naquilo em que for pertinente. Certamente, tudo que não for prescrito,

---

[77] TOMÉ, *op. cit.*, p. 162.

neste código, especificamente para uma espécie tributária distinta, poderá ser aplicado, tomando as necessárias cautelas, às contribuições especiais.

De fato, será no Código Tributário Nacional que o intérprete e o aplicador do Direito encontrarão as normas de aplicação e interpretação da legislação tributária, além daquelas que definem obrigação tributária, responsabilidade tributária, crédito tributário e suas formas de suspensão, extinção e exclusão, lançamento tributário e aquelas concernentes à administração tributária.

Fixadas essas premissas, ocupar-nos-emos, sucintamente, no item ulterior, com a classificação e a descrição das subespécies de contribuições especiais, revelando suas peculiaridades.

3.1.1.   Espécies de Contribuições Especiais

Em virtude de as contribuições possuírem finalidades específicas e, consequentemente, destinações distintas, faz-se necessário distingui-las em espécies, evidenciando-se, através desta classificação, as suas respectivas finalidades e a destinação da receita percebida.

Explicitando esse raciocínio, Fabiana Del Padré Tomé elenca o critério de classificação das contribuições especiais e destaca a necessidade de sua observação pelo legislador infraconstitucional:

> O constituinte utilizou como critério classificatório das contribuições a sua finalidade, isto é, a destinação do produto arrecadado, a qual deve ser rigorosamente observada pelo legislador infraconstitucional no momento da instituição das indigitadas contribuições[78].

O Texto Maior traz em seu bojo quatro espécies de contribuições: as sociais, as de intervenção no domínio econômico, as de interesse das categorias profissionais ou econômicas (art. 149 do Diploma Excelso) e as destinadas ao custeio do serviço de iluminação pública (art. 149-A da Carta Magna).

No que diz respeito às contribuições sociais, o Texto Supremo subdivide-as em duas classes: as "gerais" (art. 149, *caput*, da Lei Suprema) e as destinadas ao custeio da seguridade social (art. 149, § 1º, e art. 195 do Diploma Magno).

Desse modo, cuidemos brevemente de cada uma das espécies de contribuições especiais.

---

[78] TOMÉ, *op. cit.*, p. 99.

a) Contribuições de Intervenção no Domínio Econômico

As contribuições de intervenção no domínio econômico têm por finalidade servir como instrumento de atuação federal na área econômica. Neste contexto, "domínio econômico" é o setor da economia desenvolvido pela iniciativa privada, desempenhando-se, ao longo deste campo, a atividade econômica em sentido estrito.

Logo, tais contribuições devem ser utilizadas como instrumento de extrafiscalidade.

A União Federal, ao criar esse tributo, deve atender aos "princípios gerais da atividade econômica", elencados nos artigos 170 a 181 da Lei das Leis. Pois, "são estes princípios que traçam o perfil da intervenção estatal no domínio econômico"[79].

Dessa forma, a intervenção estatal no domínio econômico deve visar assegurar a soberania nacional, a propriedade privada, a função social da propriedade, a livre concorrência, a defesa do consumidor, a preservação do meio ambiente, a redução das desigualdades regionais e sociais, a busca pelo pleno emprego, tratamento favorecido para as empresas brasileiras de pequeno porte etc.

Objetivando atender essas finalidades, a União poderá instituir contribuições interventivas, desde que ocupem o polo passivo da referida exação somente as pessoas que exploram, sob regime de direito privado, a atividade econômica objeto de regulação estatal.

Nesse sentido, Roque Antonio Carrazza, com fulgor singular, salienta:

> Reiteramos que as "contribuições de intervenção no domínio econômico" só poderão ser exigidas de quem efetivamente vier a se beneficiar atuando num dado setor econômico ou de quem, ao assim proceder, causar especial detrimento à coletividade. Noutras palavras, o legislador federal só poderá eleger o sujeito passivo de tais "contribuições" dentre os que estiverem diretamente envolvidos com a exploração da atividade econômica que se pretende disciplinar[80].

Além disso, deve haver uma correlação lógica entre as causas e fundamentos da intervenção estatal no domínio econômico e a criação do tributo sob comento, pois são exatamente esses elementos que justificam a instituição da exação ora em análise.

Por conseguinte, todas essas especificidades devem estar delineadas na lei instituidora de tal contribuição, dado que elas estremam a sua cobrança. Deste modo, estando superadas ou desaparecidas as causas e fundamentos escalados, restará dissipada a possibilidade de seu lançamento e arrecadação.

---

[79] CARRAZZA, *op. cit.*, p. 575.
[80] *Ibidem*, p. 578.

Ademais, o tributo ora em estudo não poderá, por óbvio, ter hipótese de incidência reservada constitucionalmente aos Estados, Distrito Federal e Municípios. Nesta perspectiva, cumpre trazer a lume a advertência de Geraldo Ataliba:

> Se, pois, a União, criando contribuições, adota hipótese de incidência que pertence aos Estados ou Municípios, comete seu legislador inconstitucionalidade, por invasão de competência (Amílcar Falcão, Aliomar Baleeiro). Não se pode sustentar que as contribuições fogem de tal regime. Não cabe dizer, no nosso sistema, que o legislador, ao criar contribuições, goza da mais ampla liberdade e que, em consequência, pode adotar toda e qualquer hipótese de incidência, inclusive as reservadas constitucionalmente aos Estados e Municípios. Tal interpretação implicaria afirmar: a) que as competências tributárias não são exclusivas; b) que a repartição de competências não é rígida e que c) contribuição não é tributo. [...]
> Logo, o legislador nacional, ao instituí-las, usa da competência de que dispõe, com as limitações que a caracterizam. Entender o contrário seria admitir que o sistema de partilha de competências não é rígido. Que é modificável por legislação infraconstitucional. Seria admitir que as competências tributárias não são privativas, mas todas abertas à União. Seria atribuir estultice ao constituinte. Seria esvaziar o sistema constitucional tributário; torná-lo totalmente sem sentido, como um amontoado de proposições que nada obrigam, a ninguém dão vantagem, a ninguém direitos, de ninguém exigem nada[81].

Por fim, percebe-se que o texto constitucional não faz referência às materialidades possíveis, mas tão somente aos propósitos que autorizam a instituição da espécie de contribuição sob análise.

Todavia, o Diploma Maior veda a incidência desse tributo sobre as receitas decorrentes de exportação e autoriza a incidência, desta exação, sobre a importação de produtos estrangeiros ou serviços (art. 149, § 2º, I e II, da Lei Suprema).

O Texto Maior admite, ainda, a incidência dessa contribuição sobre a importação ou comercialização de petróleo e seus derivados, gás natural e seus derivados e álcool combustível, devendo os recursos arrecadados, através desta peculiar exação, serem destinados: ao pagamento de subsídios a preços ou transporte de álcool combustível, gás natural e seus derivados e derivados de petróleo; ao financiamento de projetos ambientais relacionados com a indústria do petróleo e do gás; e, ao financiamento de programas de infraestrutura de transportes (art. 177, § 4º, II, da Carta Política).

Outrossim, entabula, o Texto Magno, a possibilidade de se possuir como base de cálculo da contribuição ora em estudo o faturamento, a receita bruta, o valor da operação e, no caso de importação, o valor aduaneiro (art. 149, § 2º, III, da Carta Federal).

---

[81] ATALIBA, *op. cit.*, p. 202.

Apesar disso, o legislador constituinte não disciplinou, exaustivamente, as virtuais hipóteses de incidência dessa contribuição, propiciando, portanto, a escolha de outras materialidades e respectivas bases de cálculo.

Porém, o legislador federal encontra limites, na própria Lei Maior, para a criação de tal tributo, porquanto deve o supracitado parlamentar observar, em consonância com uma hermenêutica sistêmica da Bíblia Política, a competência legislativa tributária outorgada aos Estados, Distrito Federal e Municípios, assim como os direitos fundamentais dos contribuintes, erigidos nos princípios constitucionais em geral e, especificamente, nos princípios constitucionais tributários.

Posto isso, passemos à análise das contribuições de interesse das categorias profissionais ou econômicas, para, enfim, ser examinadas as contribuições sociais. Sem olvidarmos, porém, do detalhamento daquela peculiar exação fiscal estabelecida no artigo 149-A da Lei Suprema.

b) **Contribuições de Interesse das Categorias Profissionais ou Econômicas**

As contribuições de interesse das categorias profissionais ou econômicas, também denominadas de "contribuições corporativas", são destinadas ao custeio de entidades reguladoras e fiscalizadoras do exercício de determinadas atividades profissionais ou econômicas. Além disso, tais entidades possuem como função, ainda, representar, coletiva ou individualmente, as aludidas corporações na defesa de seus interesses.

Enquadram-se nesta espécie de contribuição aquelas arrecadas, de seus filiados, pelos sindicatos, a contribuição paga pelos advogados e estagiários à Ordem dos Advogados do Brasil (OAB), bem como a dos médicos para o Conselho Regional de Medicina (CRM).

Ademais, podemos citar, ainda, como exemplo desta espécie de contribuição, as contribuições destinadas às entidades privadas de serviço social e de formação profissional vinculadas ao sistema sindical, como aquelas devidas ao Serviço Social do Comércio (SESC), ao Serviço Nacional de Aprendizagem do Comércio (SENAC), ao Serviço Nacional de Aprendizagem Industrial (SENAI) e ao Serviço Nacional de Aprendizagem Rural (SENAR).

Frise-se, em tempo, que as contribuições compulsórias dos empregadores sobre a folha de salários, destinadas às entidades privadas de serviço social e de formação profissional vinculadas ao sistema sindical, ficam ressalvadas do disposto no artigo 195 da Lei das Leis, uma vez que o importe arrecadado não é adequado para custear a Seguridade Social, nos termos do artigo 240 da Carta Maior.

Em observância ao regime jurídico tributário, as contribuições "corporativas" devem ser instituídas e majoradas por meio de lei ordinária.

Calha trazer à baila o alerta de Roque Antonio Carrazza, concernente aos sujeitos passivos da predita contribuição:

> Evidentemente, as "contribuições de interesse das categorias profissionais" só poderão ser exigidas de quem efetivamente vier a beneficiar-se atuando num dado setor profissional. Noutras palavras, o legislador federal só poderá eleger o sujeito passivo de tais "contribuições" dentre os que estiverem diretamente envolvidos com a atividade profissional que se pretende disciplinar. Nunca terceiros estranhos à tal atividade[82].

Portanto, cumpre aos intérpretes e aplicadores do Direito refutarem analogias utilizadas com o fito de ampliar-se a arrecadação, sem observar o elenco de sujeitos passivos supramencionado.

Finalmente, convém salientar que as contribuições "corporativas" subordinam-se à repartição constitucional de competências tributárias e aos princípios constitucionais tributários, não se achando ilimitada a liberdade do legislador federal atinente à instituição da tocante subespécie tributária.

Chegado a esse ponto, passaremos a esmiuçar, no tópico seguinte, as contribuições sociais e suas subespécies, transpondo, em seguida, breves comentários sobre a contribuição de iluminação pública.

c)   **Contribuições Sociais**

As contribuições sociais subdividem-se em duas subespécies, respectivamente: as contribuições sociais "gerais" e as contribuições sociais destinadas ao custeio da Seguridade Social. Dessa forma, o conceito de contribuições sociais torna-se abrangente se contraposto àquele das contribuições sociais destinadas ao financiamento da seguridade social.

Nessa perspectiva, Leandro Paulsen observa a extensão do conceito de contribuições sociais, concordando, por conseguinte, com a subdivisão supracitada:

> É fundamental observar que as contribuições especiais sociais não se esgotam nas de Seguridade Social, tendo, sim, um espectro bem mais largo, pois podem ser instituídas para quaisquer finalidades que forem na direção dos objetivos da ordem social, de maneira que se costuma subdividir as contribuições sociais entre as ditas "gerais" e as de Seguridade Social[83].

---

[82] CARRAZZA, *op. cit.*, p. 582.
[83] PAULSEN, *op. cit.*, p. 152.

Assim, as contribuições sociais são instrumentos de atuação da União na área social. E, dentro dessa área, as contribuições destinadas ao financiamento da seguridade social são apenas uma espécie do gênero "contribuições sociais".

Feita essa discriminação, passemos a examinar, brevemente, as subespécies de contribuições sociais, para, em seguida, analisarmos, perfunctoriamente, a contribuição de iluminação pública.

3.1.1.c.1. Contribuições Sociais "Gerais"

Contribuições sociais são todas aquelas que, como observa Marco Aurélio Greco[84], decorrem de algum padrão de convivência em sociedade, compreendendo, portanto, não apenas as contribuições para a seguridade social, mas, também, as que se incluem na categoria genérica das contribuições sociais, como, por exemplo, aquelas dirigidas a um propósito educacional (salário-educação, com fundamento no art. 212, § 5º, da Lei Maior).

A competência impositiva tributária outorgada à União Federal, pela Constituição da República, para a instituição de contribuições sociais "gerais", como instrumento de sua atuação na respectiva área, deve ser exercida visando atingir os objetivos estabelecidos no Título da "Ordem Social", porquanto estes servirão como parâmetro de delimitação das atividades passíveis de serem financiadas pelas contribuições sociais em estudo.

Nesse sentido, convém externarmos o alerta de Leandro Paulsen:

> Não há, pois, uma competência irrestrita, uma carta branca ao legislador para a criação de tributos simplesmente justificados como destinados a uma finalidade social. A validade da contribuição dependerá da finalidade buscada que, necessariamente, terá de encontrar previsão no Título atinente à Ordem Social[85].

Posto isso, impende trazer a lume a exposição das características da contribuição sob comento perpetrada por Eduardo Sabbag:

> Resumidamente, poderíamos destacar as seguintes características principais das contribuições sociais gerais:
> I. são de competência da União;
> II. são regidas pelo mesmo regime jurídico das demais contribuições previstas no art. 149 da CF;
> III. sujeitam-se de forma integral ao regime constitucional tributário, sem comportar exceções;
> IV. são instituídas por lei ordinária e obedecem ao princípio da anterioridade comum;
> V. custeiam a atuação do Estado em outros campos sociais, diversos daqueles previstos no art. 195 da CF, quais sejam, saúde, previdência e

---

[84] GRECO, Marco Aurélio. **Contribuições (uma figura "*sui generis*")**. São Paulo: Dialética, 2000, p. 151.
[85] PAULSEN, *op. cit.*, p. 151.

assistência social, pertencentes à Seguridade Social e financiados pelas contribuições para a seguridade social;

VI.   só podem incidir sobre uma única base econômica, por contribuinte, para cada objetivo determinado[86].

Cumpridas essas considerações, ater-nos-emos, no item seguinte, às contribuições para a Seguridade Social.

3.1.1.c.2.   Contribuições para a Seguridade Social

Nos termos da atual Constituição Federal, a Seguridade Social compreende um conjunto integrado de ações de iniciativa dos Poderes Públicos e da sociedade, destinadas a assegurar os direitos relativos à saúde, à previdência e à assistência social (art. 194, *caput*, da Carta Maior). À vista disso, o texto constitucional determina que a Seguridade Social deverá ser financiada por toda a sociedade, de forma direta e indireta, mediante recursos provenientes dos orçamentos da União, dos Estados, do Distrito Federal e dos Municípios (forma indireta), e daqueles auferidos por meio das contribuições sociais (forma direta), à luz do artigo 195, *caput*, da Lei Suprema.

Como é cediço, as contribuições sociais a que faz referência o artigo 149, *caput*, da Lei Maior têm uma conotação ampla, destinando-se ao financiamento dos objetivos prescritos na "Ordem Social" (Título VIII). Contudo, dentro dessa categoria especializam-se aquelas destinadas ao custeio da Seguridade Social (Saúde, Previdência e Assistência Social), disciplinadas pelo artigo 195 do Diploma Maior.

Em suma, as contribuições sociais são instrumentos fiscais, com previsão no texto constitucional, que têm por fim o custeio de atividades da União no campo social. E, dentro da área social, deparamo-nos com contribuições que possuem a exclusiva finalidade de financiar a Seguridade Social, representando uma subespécie da categoria intitulada "contribuições sociais".

Incumbe salientar que apenas as contribuições para a Seguridade Social encontram, no Texto Maior, disciplina completa das suas hipóteses de incidência, reclamando, para a criação de novas materialidades, rigorosa observância aos requisitos necessários para o exercício da competência residual pela União, os quais são: **a)** instituição mediante lei complementar; **b)** não-cumulatividade; e, **c)** fato gerador e base de cálculo diversos dos discriminados na Constituição Federal (art. 195, § 4º, da Lei Suprema).

---

[86] SABBAG, *op. cit.*, p. 542-543.

As duas subespécies de contribuições sociais supracitadas, conquanto constituem-se em espécies de um mesmo gênero, são disciplinadas de maneira distinta pela Carta Política. Não obstante submetam-se ao regime jurídico tributário, as contribuições destinadas ao custeio da Seguridade Social recebem um tratamento constitucional peculiar, para o qual voltaremos nossa atenção no próximo capítulo.

d)   Contribuição para o Custeio do Serviço de Iluminação Pública

Além das contribuições de competência, em regra, da União, nota-se, no sistema constitucional tributário vigente, a possibilidade de essa espécie tributária ser instituída pelos Municípios e Distrito Federal: trata-se da contribuição para o custeio do serviço de iluminação pública, a que se refere o artigo 149-A da Carta Federal.

Quando da instituição desse gravame, o legislador infraconstitucional deverá acatar os limites impostos pela Lei das Leis, observando as materialidades cuja competência impositiva incumbe aos demais entes federativos e subordinando-se aos princípios que orientam a tributação no ordenamento jurídico pátrio.

Em referência a esta exação, o Supremo Tribunal Federal publicou a Súmula Vinculante n.º 41, segundo a qual "o serviço de iluminação pública não pode ser remunerado mediante taxa".

Diante disso, observe o dispositivo que hospeda o tributo:

> Art. 149-A Os Municípios e o Distrito Federal poderão instituir contribuição, na forma das respectivas leis, para o custeio do serviço de iluminação pública, observado o disposto no art. 150, I e III.
> Parágrafo único. É facultada a cobrança da contribuição a que se refere o caput, na fatura de consumo de energia elétrica.

Pelo exposto, percebe-se que a exação sob comento deve obedecer aos princípios da legalidade tributária (art. 150, I, da C.R.F.B./1988), da irretroatividade tributária (art. 150, III, *a*, da C.R.F.B./1988) e da anterioridade tributária (art. 150, III, *b* e *c*, da C.R.F.B./1988).

À luz do preceito em epígrafe, permitiu-se, aos Municípios e Distrito Federal, a instituição, mediante lei ordinária, da contribuição para o custeio do serviço local de iluminação pública.

Com efeito, a lei ordinária deve trazer em seu bojo os elementos caracterizadores do tributo (art. 97, I a V, do Código Tributário Nacional), no cerne da tipicidade cerrada, quais sejam: fato gerador, sujeito passivo, alíquota, base de cálculo e multa.

No que concerne ao princípio da anterioridade tributária, sublinhe-se que à contribuição em exame incorporam-se, concomitantemente, os princípios da anterioridade de exercício financeiro e da anterioridade *nonagesimal*, elencados no artigo 150, III, *b* e *c*, respectivamente, da Carta Política, não se lhe aplicando, por conseguinte, a anterioridade a que se refere o § 6º, do art. 195, da Lei Suprema, própria das contribuições para o custeio da seguridade social.

Faz-se necessário inebriarmo-nos, uma vez mais, com as eruditas lições de Roque Antonio Carrazza, vejamos:

> De fato, a menção ao art. 150, I e III, da Lei Maior é meramente exemplificativa. Está longe de significar que a *contribuição* "para o custeio do serviço de iluminação pública" pode passar ao largo dos demais princípios constitucionais, compatíveis com este tributo. Assim, a nosso ver, a exação deve observar o disposto no art. 146 da Carta Suprema, as demais limitações ao poder de tributar arroladas em seu art. 150 (igualdade, não-confiscatoriedade, imunidades etc.), o princípio da capacidade contributiva (art. 145, § 1º, da CF), o *princípio da rigidez e da reserva das competências tributárias*, e assim avante[87].

A par disso, registre-se que a relativa competência outorga aptidão para a instituição de contribuição para o custeio do serviço local de iluminação pública, consistindo este serviço naquele que é prestado à população em caráter geral nos logradouros públicos. "Não se presta, pois, ao custeio das despesas de energia elétrica relativas aos bens públicos de uso especial, como as dos prédios em que funcionem os órgãos administrativos do Município ou a câmara de vereadores"[88].

Por derradeiro, ressalte-se que o parágrafo único, do artigo 149-A, da Lei Maior dispõe que é facultada a cobrança da contribuição em foco na fatura de consumo de energia elétrica.

"Deve-se interpretar a referência à "cobrança... na fatura de consumo de energia elétrica" como o destaque, nesta, do montante da contribuição devida ao Município pelo contribuinte, para que possa haver o pagamento conjunto"[89].

Neste contexto, caso se perpetue uma exegese extensiva sobre a tocante referência, sê-lo-á, explicitamente, abusiva, remanescendo eivada de ilegalidade, posto que o fornecimento de energia elétrica configura-se serviço público essencial, cuja fruição não pode ficar condicionada ao pagamento senão do preço público correspondente ao consumo de energia elétrica do usuário.

Posto isso, ante a classificação a que nos propomos, nesta obra, proceder, urge associarmos a C.O.S.I.P. à espécie de "contribuições", sobejando evidente a sua natureza *sui*

---

[87] CARRAZZA, *op. cit.*, p. 617.
[88] PAULSEN, *op. cit.*, p. 189.
[89] *Ibidem*, p. 191.

generis, não se confundindo esta contribuição, porém, com aquelas outras, previstas no *caput* do artigo 149 da Carta da República.

Aliás, não é outro o entendimento do Pretório Excelso, que, por meio de julgamento em repercussão geral, adotou a classificação da contribuição *in focus* como contribuição "*sui generis*", chancelando a constitucionalidade da aludida exação fiscal, conforme ementa transcrita abaixo:

> "Constitucional. Tributário. RE interposto contra decisão proferida em ação direta de inconstitucionalidade estadual. Contribuição para o custeio do serviço de iluminação pública - COSIP. Art. 149-A da Constituição Federal. Lei complementar 7/2002, do Município de São José, Santa Catarina. Cobrança realizada na fatura de energia elétrica. Universo de contribuintes que não coincide com o de beneficiários do serviço. Base de cálculo que leva em consideração o custo da iluminação pública e o consumo de energia. Progressividade da alíquota que expressa o rateio das despesas incorridas pelo município. Ofensa aos princípios da isonomia e da capacidade contributiva. Inocorrência. Exação que respeita os princípios da razoabilidade e proporcionalidade. Recurso extraordinário improvido. I - Lei que restringe os contribuintes da COSIP aos consumidores de energia elétrica do município não ofende o princípio da isonomia, ante a impossibilidade de se identificar e tributar todos os beneficiários do serviço de iluminação pública. II - A progressividade da alíquota, que resulta do rateio do custo da iluminação pública entre os consumidores de energia elétrica, não afronta o princípio da capacidade contributiva. **III - Tributo de caráter 'sui generis', que não se confunde com um imposto, porque sua receita se destina a finalidade específica, nem com uma taxa, por não exigir a contraprestação individualizada de um serviço ao contribuinte. IV - Exação que, ademais, se amolda aos princípios da razoabilidade e da proporcionalidade.**" (grifos nossos) (RE 573675, Relator Ministro Ricardo Lewandowski, Tribunal Pleno, julgamento em 25.3.2009, DJe de 22.5.2009)

Dessa maneira, perduram esmiuçadas as observações pertinentes às contribuições especiais. Assim, passar-nos-emos a apreciar, detidamente, no capítulo seguinte, o tratamento peculiar ofertado, pela Carta Magna, às contribuições destinadas ao custeio da Seguridade Social.

3. CONTRIBUIÇÕES DESTINADAS AO CUSTEIO DA SEGURIDADE SOCIAL

3.1. Seguridade Social

Nos termos do artigo 193 da Carta Suprema, a Ordem Social tem como base constitucional o primado do trabalho, e como objetivo o bem-estar e a justiça sociais.

Tais estipulações, como pondera Pedro Lenza[90], apresentam-se em perfeita harmonia com a Ordem Econômica, que se funda, também, nos termos do artigo 170, *caput*, da Carta Popular, na valorização do trabalho humano e na livre iniciativa. A ordem econômica, ademais, tem por fim, em igual medida, assegurar a todos existência digna, conforme os ditames da justiça social.

De outra banda, estabelece o artigo 6º da Bíblia Política que são direitos sociais: a educação, a saúde, a alimentação, o trabalho, a moradia, o transporte, o lazer, a segurança, a previdência social, a proteção à maternidade e à infância e a assistência aos desamparados.

Nesse contexto, a Constituição Social disciplinou, em seu Título VIII, a Ordem Social, dividindo-a em oito capítulos: Disposição Geral (art. 193 da C.R.F.B./1988); Seguridade Social (artigos 194 a 204 da C.R.F.B./1988); Educação, Cultura e Desporto (artigos 205 a 217 da C.R.F.B./1988); Ciência, Tecnologia e Inovação (artigos 218 a 219-B da C.R.F.B./1988); Comunicação Social (artigos 220 a 224 da C.R.F.B./1988); Meio Ambiente (art. 225 da C.R.F.B./1988); Família, Criança, Adolescente, Jovem e Idoso (artigos 226 a 230 da C.R.F.B./1988); Índios (artigos 231 e 232 da C.R.F.B./1988).

Interessa-nos, no presente trabalho, o conjunto integrado de ações de iniciativa do Poder Público e da sociedade, destinadas a assegurar os direitos relativos à saúde, à previdência e à assistência social, ensejador da instituição de contribuições sociais destinadas ao seu custeio, batizado de Seguridade Social (à luz do artigo 194, *caput*, da Lei das Leis).

Por seu turno, a Seguridade Social subdivide-se, constitucionalmente, em normas atinentes à saúde (artigos 196 a 200 da C.R.F.B./1988), à previdência social (artigos 201 e 202 da C.R.F.B./1988) e à assistência social (artigos 203 e 204 da C.R.F.B./1988), regendo-se, como proclama Alexandre de Moraes, pelos "princípios da universalidade da cobertura e do atendimento, da igualdade ou equivalência dos benefícios, da unidade de organização pelo

---

[90] LENZA, Pedro. **Direito Constitucional Esquematizado**. 12. ed. São Paulo: Saraiva, 2008, p. 709.

Poder Público e pela solidariedade financeira, uma vez que é financiada por toda a sociedade"[91].

Nessa seara, o Texto Supremo, em seu artigo 194, parágrafo único, prescreve competir ao Poder Público, nos termos da lei, organizar a Seguridade Social, devendo observar, obrigatoriamente, os seguintes objetivos:

a) Universalidade da cobertura e do atendimento;

b) Uniformidade e equivalência dos benefícios e serviços às populações urbanas e rurais;

c) Seletividade e distributividade na prestação dos benefícios e serviços;

d) Irredutibilidade do valor dos benefícios;

e) Equidade na forma de participação no custeio;

f) Diversidade da base de financiamento;

g) Caráter democrático e descentralizado da administração, mediante gestão *quadripartite*, com participação dos trabalhadores, dos empregadores, dos aposentados e do Governo nos órgãos colegiados.

A "equidade na forma de participação no custeio" caracteriza-se como um desdobramento do princípio da isonomia, exigindo atenção especial às particularidades de cada classe de contribuintes do respectivo gravame, de modo que esses sejam instados a participar do financiamento da Seguridade Social conforme a sua capacidade econômica e, também, outras características específicas. Nesse sentido, a Carta Federal, em seu artigo 195, § 9º, preconiza que as contribuições sociais do empregador, da empresa e da entidade a ela equiparada na forma da lei poderão ter alíquotas ou bases de cálculo diferenciadas, em razão da atividade econômica, da utilização intensiva de mão de obra, do porte da empresa ou da condição estrutural do mercado de trabalho.

Por outro giro, a "diversidade da base de financiamento" revela a expressiva quantia de recursos necessários para se custear as atividades do Estado nas áreas da Saúde, Previdência e Assistência Social. Por isso, torna-se fundamental se alcançar diversas fontes de custeio da Seguridade Social, agregando-se os recursos orçamentários dos entes públicos com as contribuições direcionadas, especificamente, para esse fim, servindo como parâmetro, para essa busca incessante por recursos, diferentes manifestações de riqueza, de forma que não se onere demasiadamente determinados atos ou fatos jurídicos.

---

[91] MORAES, *op. cit.*, p. 806.

Nessa lógica, o artigo 195 da Lei Maior submete determinados contribuintes e fatos jurídicos à tributação com o escopo de custeio, em caráter ordinário, da Seguridade Social, atentando-se, porém, para a necessidade de diversidade da base de financiamento, eis que prevê a contribuição social do empregador, da empresa e da entidade a ela equiparada na forma da lei sobre: **i)** a folha de salários e demais rendimentos do trabalho pagos ou creditados, a qualquer título, à pessoa física que lhe preste serviço, mesmo sem vínculo empregatício; **ii)** a receita ou o faturamento; **iii)** o lucro.

Nessa mesma perspectiva, o supracitado artigo prevê, ainda, a contribuição social do trabalhador e dos demais segurados da previdência social, a contribuição social sobre a receita de concursos de prognósticos e, por derradeiro, a contribuição social do importador de bens ou serviços do exterior, ou de quem a lei a ele equiparar.

Por fim, o mesmo artigo, em seu § 4º, autoriza a instituição, mediante lei complementar, de outras (novas) fontes de custeio da Seguridade Social, destinadas a garantir a sua manutenção ou sua expansão, desde que sejam não-cumulativas e tenham fatos geradores e bases de cálculo diversos daqueles já previstos anteriormente.

Entretanto, cumpre observar que, com base em expressa determinação constitucional, nenhum benefício ou serviço da Seguridade Social poderá ser criado, majorado ou estendido sem a sua correspondente fonte de custeio total (art. 195, § 5º, da Lei Suprema).

Posto isso, nota-se, pois, que a Seguridade Social não se reduz a um simples órgão da administração pública, direta ou indireta, das esferas de governo, compreendendo, todavia, um campo de atuação do Poder Público que contempla as áreas pertinentes à saúde, à previdência e à assistência social.

Assim, diversas são as pessoas jurídicas de direito público interno e os órgãos de suas respectivas administrações públicas diretas e indiretas que se ocupam da Seguridade Social, como, por exemplo, no âmbito federal, a administração pública direta da União, mediante a ação do Ministério da Saúde, e o Instituto Nacional do Seguro Social – INSS, além dos Estados-membros, do Distrito Federal e dos Municípios, em seus respectivos âmbitos de atuação.

A par disso, realizaremos, no item seguinte, sucintas anotações sobre a individualidade do orçamento e do custeio da Seguridade Social.

3.1.1.   Aspectos Financeiros

O orçamento da Seguridade Social não se confunde com o orçamento fiscal, podendo notar-se essa distinção por meio da leitura do artigo 165, § 5º, da Carta Federal:

> Art. 165. Leis de iniciativa do Poder Executivo estabelecerão:
> I - o plano plurianual;
> II - as diretrizes orçamentárias;
> III - os orçamentos anuais.
> [...] § 5º A lei orçamentária anual compreenderá:
> I - o orçamento fiscal referente aos Poderes da União, seus fundos, órgãos e entidades da administração direta e indireta, inclusive fundações instituídas e mantidas pelo Poder Público;
> II - o orçamento de investimento das empresas em que a União, direta ou indiretamente, detenha a maioria do capital social com direito a voto;
> III - o orçamento da seguridade social, abrangendo todas as entidades e órgãos a ela vinculados, da administração direta ou indireta, bem como os fundos e fundações instituídos e mantidos pelo Poder Público. [...]

Destarte, a Seguridade Social possui orçamento próprio, o qual é composto por receitas oriundas de recursos orçamentários dos entes públicos (financiamento indireto) e por receitas provenientes das contribuições específicas (financiamento direto), conforme dispõe o artigo 195, *caput*, da Lei Maior, senão vejamos:

> Art. 195. A seguridade social será financiada por toda a sociedade, de forma direta e indireta, nos termos da lei, mediante recursos provenientes dos orçamentos da União, dos Estados, do Distrito Federal e dos Municípios, e das seguintes contribuições sociais: [...]

A lei a que se refere o supratranscrito artigo é a Lei n.º 8.212, de 24 de julho de 1991 (Lei Orgânica da Seguridade Social), a qual, em seu artigo 11, estipula que, no âmbito federal, o orçamento da Seguridade Social será composto das receitas da União, das contribuições sociais e de outras fontes.

Todavia, considerando que os recursos públicos dos entes políticos decorrem de impostos, tem-se que o financiamento da Seguridade Social dá-se mediante imposições tributárias, "algumas não vinculadas previamente a tal finalidade (impostos) e outras instituídas especificamente para tanto, o que, inclusive, justifica a sua cobrança, dando-lhe suporte constitucional (contribuições sociais de seguridade social)"[92].

Incumbe salientar que, em regra, a Carta Política veda a vinculação de receita de impostos a órgão, fundo ou despesa. Porém, quanto ao financiamento da saúde pública, o Texto Magno estatui a aplicação, anual, de percentual do produto de arrecadação de impostos, nos termos do artigo 167, IV, cumulado com o artigo 198, § 2º, ambos da Carta Magna.

Com efeito, a Seguridade Social mostra-se como a principal atuação do Poder Público no campo social. Diante disso, há recursos advindos de impostos que, mediante leis

---

[92] PAULSEN, *op. cit.*, p. 498.

orçamentárias, destinam-se, a final, à Seguridade Social, em virtude de diretrizes constitucionais e programas de governo.

Ademais, as receitas dos Estados, do Distrito Federal e dos Municípios destinadas à Seguridade Social deverão constar dos seus respectivos orçamentos, não podendo integrar o orçamento da União, conforme o disposto no artigo 195, § 1º, da Carta Suprema.

Além disso, a proposta de orçamento da Seguridade Social deverá ser elaborada de forma integrada pelos órgãos responsáveis pela Saúde Pública, Previdência Social e Assistência Social, tendo em vista as metas e prioridades estabelecidas na lei de diretrizes orçamentárias, assegurada a cada área a gestão de seus recursos, nos termos do artigo 195, § 2º, do Diploma Maior.

Por fim, a lei deverá definir os critérios de transferência de recursos para o Sistema Único de Saúde – SUS e ações de assistência social da União para os Estados, o Distrito Federal e os Municípios, e dos Estados para os Municípios, observada a respectiva contrapartida de recursos, em consonância com o estabelecido no artigo 195, § 10, da Carta da Nação.

Isto posto, cumpre inquirirmos a feição tributária das contribuições sob comento, o que faremos no item a seguir exposto.

3.1.2.   Solidariedade e *Referibilidade*

Como vimos, toda a sociedade, de forma direta ou indireta, financia a Seguridade Social, revelando, assim, o caráter solidário de suas contribuições. Isso significa que as pessoas físicas e jurídicas podem ser chamadas ao financiamento independentemente de terem, ou não, relação direta com os segurados ou de serem, ou não, destinatárias de benefícios sociais. Aliás, as pessoas jurídicas nunca serão destinatárias de benefícios de previdência social, não podendo ser alcançadas por prestações assistenciais ou utilizarem os serviços de saúde pública[93].

Porém, a solidariedade, que demanda sacrifício econômico daqueles que revelam capacidade contributiva mesmo não se beneficiando dos benefícios, prestações e serviços da Seguridade Social, não acarreta na falta de responsabilidade de seus beneficiários.

---

[93] PAULSEN, *op. cit.*, *loc. cit.*

Assim, todos são solidariamente responsáveis, incumbindo, a toda a sociedade, a manutenção da Seguridade Social, como estabelecido em lei. Contudo, existem diferenças entre a saúde pública e a assistência social, de um lado, e a previdência social, de outro.

Nesse sentido, Leandro Paulsen deslinda as distinções existentes entre os elementos que compõem a sistemática da Seguridade Social em nosso ordenamento jurídico:

> As ações e serviços de saúde são de acesso universal e igualitário, conforme o art. 196 da Constituição, não demandando contrapartida específica por parte dos usuários. Os serviços e benefícios assistenciais, por sua vez, por determinação expressa do art. 203 da Constituição, também são gratuitos, prestados a quem necessitar, independentemente de contribuição. A previdência social, diferentemente, organizada sob a forma de regime geral, é de filiação obrigatória e tem caráter contributivo, conforme estabelece o art. 201 da Constituição, com a redação da EC 20/98. Assim, todos os segurados obrigatórios, que de uma ou outra forma exercem atividade econômica, independentemente do nível de renda que possuam, têm de contribuir para a previdência social. Atualmente, inclusive, o benefício de aposentadoria já não tem mais como requisitos o tempo de trabalho associado a determinado período contributivo de carência, sendo concedido em face do tempo mesmo de contribuição[94].

Frise-se, em tempo, que o Diploma Maior estabelece uma atenuação na *referibilidade* pertinente às contribuições especiais no que concerne às contribuições para a Seguridade Social. Com efeito, o artigo 195 da Lei Suprema destaca a obrigação de todos perante o financiamento da Seguridade Social, em virtude de sua relevância social.

Ademais, os incisos do supradito artigo revelam a amplitude da *referibilidade* (indireta) das contribuições para o custeio da Seguridade Social, dado que convocam os empregadores, as empresas, os importadores, os trabalhadores e os demais segurados da Previdência Social – além da incidência prevista sobre a receita de concursos de prognósticos – ao custeio da Seguridade Social.

Em suma, devido ao caráter solidário das contribuições destinadas ao custeio da Seguridade Social, as suas hipóteses de incidência não se restringem a determinado grupo, podendo toda a sociedade ser instada ao financiamento da Seguridade Social, desde que estabelecido por lei e, em se tratando de exercício de competência residual, por lei complementar, pois, conforme averiguado anteriormente, as contribuições subordinam-se, enquanto espécie tributária, às limitações ao poder de tributar e às restrições distintivas que lhes são fixadas.

Fixados esses preceitos, passaremos a analisar, no tópico subsequente, as contribuições destinadas ao custeio, em caráter ordinário, da Seguridade Social, previstas na Constituição Federal.

---

[94] PAULSEN, *op. cit.*, p. 498-499.

3.2. Contribuições Nominadas ou Ordinárias

Como é cediço, a Lei Maior estabelece duas formas de financiamento da Seguridade Social: 1) mediante recursos públicos oriundos dos orçamentos da União, dos Estados-membros, do Distrito Federal e dos Municípios (financiamento indireto); e 2) através do produto da arrecadação de contribuições sociais destinadas, especificamente, para o custeio da Seguridade Social (financiamento direto).

O financiamento indireto faz-se mediante os recursos orçamentários dos entes públicos, oriundos da arrecadação de impostos. O financiamento direto, por sua vez, ocorre através do pagamento, pelas pessoas físicas e jurídicas, das contribuições sociais instituídas por lei especificamente para o custeio da Seguridade Social. A propósito, o artigo 195 do Diploma Maior assenta as contribuições sociais que constituem as fontes principais de financiamento da Seguridade Social, cobradas do empregador, da empresa e da entidade a ela equiparada na forma da lei, do trabalhador e dos demais segurados da Previdência Social, do importador de bens ou serviços do exterior, ou de quem a lei a ele equiparar, e, ainda, aquela incidente sobre a receita dos concursos de prognósticos (loterias).

Importa-nos, no corrente trabalho, a análise das fontes de financiamento direto da Seguridade Social, decorrentes da arrecadação de contribuições para esse fim destinadas, à luz do artigo 195 da Carta Federal.

Ao realizarmos esse estudo, estaremos, na prática, examinando o arquétipo constitucional da regra-matriz de incidência das contribuições para a Seguridade Social, uma vez que o legislador infraconstitucional, ao exercitar sua respectiva competência legislativa tributária, tem o dever de observar as diretrizes constitucionais atinentes à instituição do gravame. E, no caso das contribuições destinadas ao custeio da Seguridade Social, a competência impositiva tributária deve ser desempenhada em harmonia com o disposto no artigo 195 da Lei das Leis.

Cumpre salientar que, geralmente, a Carta Magna não estipula o sujeito passivo integrante do critério pessoal, no consequente, da regra-matriz de incidência tributária. Posto que, ao outorgar aptidão, aos entes políticos, para a instituição de tributos, a Carta Política apenas enumera as materialidades suscetíveis de figurarem no critério material, do antecedente, da regra-matriz de incidência tributária, em sua hipótese tributária.

Porém, Fabiana Del Padre Tomé atentou-se, com perspicácia singular, para o fato de que o legislador constituinte não agiu desse modo com as contribuições para a Seguridade

Social, evidenciando a necessidade de observância dessa peculiaridade pelo legislador infraconstitucional:

> Ao traçar o arquétipo das regras-matrizes das contribuições para a seguridade social, porém, o constituinte fez questão de registrar os possíveis sujeitos passivos. Assim, diante da expressa previsão supra, não pode o legislador tributário distanciar-se dos termos constitucionalmente prescritos, seja no que diz respeito ao sujeito passivo, seja no tocante à hipótese de incidência e à base de cálculo. O referido dispositivo, ao traçar diretrizes a serem seguidas pelo legislador, é parte integrante da norma constitucional de produção normativa tributária, orientando a instituição de contribuições para a seguridade social, motivo pelo qual mostra-se relevante seu detalhado exame[95].

Diante disso, passaremos a analisar, detidamente, o arquétipo constitucional das regras-matrizes de incidência das contribuições destinadas ao custeio da Seguridade Social, incluindo, aí, seus respectivos sujeitos passivos, bem como suas possíveis bases de cálculo.

De início, ater-nos-emos ao exame das contribuições intituladas ordinárias ou nominadas, porquanto deverão ser instituídas para o financiamento, em caráter ordinário, da Seguridade Social, elencadas nos incisos, do *caput*, do artigo 195 do Texto Supremo.

Contudo, antes de prosseguirmos com tal análise, calha observar o supracitado dispositivo, no pertinente às contribuições ordinárias:

> Art. 195. A seguridade social será financiada por toda a sociedade, de forma direta e indireta, nos termos da lei, mediante recursos provenientes dos orçamentos da União, dos Estados, do Distrito Federal e dos Municípios, e das seguintes contribuições sociais:
> I - do empregador, da empresa e da entidade a ela equiparada na forma da lei, incidentes sobre:
> a) a folha de salários e demais rendimentos do trabalho pagos ou creditados, a qualquer título, à pessoa física que lhe preste serviço, mesmo sem vínculo empregatício;
> b) a receita ou o faturamento;
> c) o lucro;
> II - do trabalhador e dos demais segurados da previdência social, não incidindo contribuição sobre aposentadoria e pensão concedidas pelo regime geral de previdência social de que trata o art. 201;
> III - sobre a receita de concursos de prognósticos.
> IV - do importador de bens ou serviços do exterior, ou de quem a lei a ele equiparar. [...]

A par disso, seguiremos, sem delongas, à apreciação da contribuição social do empregador, da empresa e da entidade a ela equiparada na forma da lei.

3.2.1. Contribuição Social do Empregador, da Empresa e da Entidade a ela Equiparada

---

[95] TOMÉ, *op. cit.*, p. 107.

A norma inaugural, no Texto Supremo, de outorga de competência relativa às contribuições para a Seguridade Social elege o empregador, a empresa e a entidade a ela equiparada como potenciais sujeitos passivos dessa exação. Assim, vejamos o que dispõe o inciso I, do artigo 195, da Carta Maior:

> Art. 195. A seguridade social será financiada por toda a sociedade, de forma direta e indireta, nos termos da lei, mediante recursos provenientes dos orçamentos da União, dos Estados, do Distrito Federal e dos Municípios, e das seguintes contribuições sociais:
> I - do empregador, da empresa e da entidade a ela equiparada na forma da lei, incidentes sobre: [...]

Dessa forma, cabe perquirirmos a definição jurídica de empregador, empresa e entidade considerada equiparada à empresa.

A Consolidação das Leis do Trabalho (Decreto-Lei n.º 5.452, de 1º de maio de 1943) conceitua tanto empregador, como, também, empregado, observemos:

> Art. 2º - Considera-se empregador a empresa, individual ou coletiva, que, assumindo os riscos da atividade econômica, admite, assalaria e dirige a prestação pessoal de serviço.
> § 1º - Equiparam-se ao empregador, para os efeitos exclusivos da relação de emprego, os profissionais liberais, as instituições de beneficência, as associações recreativas ou outras instituições sem fins lucrativos, que admitirem trabalhadores como empregados.
> § 2º - Sempre que uma ou mais empresas, tendo, embora, cada uma delas, personalidade jurídica própria, estiverem sob a direção, controle ou administração de outra, constituindo grupo industrial, comercial ou 'de qualquer outra atividade econômica, serão, para os efeitos da relação de emprego, solidariamente responsáveis a empresa principal e cada uma das subordinadas.

Portanto, empregador é a pessoa física ou jurídica que emprega, isto é, que assalaria empregados. Por outro giro, cumpre indagarmos qual é a conceituação de empregado, para que se configure a relação de emprego almejada. Dessa maneira, examinemos o dispositivo pertinente ao tema:

> Art. 3º - Considera-se empregado toda pessoa física que prestar serviços de natureza não eventual a empregador, sob a dependência deste e mediante salário.
> Parágrafo único - Não haverá distinções relativas à espécie de emprego e à condição de trabalhador, nem entre o trabalho intelectual, técnico e manual.

Dado esse primeiro passo, impende averiguarmos a definição de empresa e das entidades a ela equiparadas.

O Código Civil (Lei n.º 10.406, de 10 de janeiro de 2002) alude à empresa esboçando, como parâmetro, o empresário, conceituando-o em seu artigo 966, analisemos:

> Art. 966. Considera-se empresário quem exerce profissionalmente atividade econômica organizada para a produção ou a circulação de bens ou de serviços.
> Parágrafo único. Não se considera empresário quem exerce profissão intelectual, de natureza científica, literária ou artística, ainda com o concurso

de auxiliares ou colaboradores, salvo se o exercício da profissão constituir elemento de empresa.

Por seu turno, o artigo 15 da Lei n.º 8.212/1991 não apenas busca conceituar empresa, como, também, elenca as pessoas, físicas e jurídicas, que devem ser reputadas equiparadas à empresa, para efeito de recolhimento de contribuições para a Seguridade Social, atentemos:

> Art. 15. Considera-se:
> I - empresa - a firma individual ou sociedade que assume o risco de atividade econômica urbana ou rural, com fins lucrativos ou não, bem como os órgãos e entidades da administração pública direta, indireta e fundacional;
> II - empregador doméstico - a pessoa ou família que admite a seu serviço, sem finalidade lucrativa, empregado doméstico.
> Parágrafo único. Equiparam-se a empresa, para os efeitos desta Lei, o contribuinte individual e a pessoa física na condição de proprietário ou dono de obra de construção civil, em relação a segurado que lhe presta serviço, bem como a cooperativa, a associação ou a entidade de qualquer natureza ou finalidade, a missão diplomática e a repartição consular de carreira estrangeiras.

Logo, evidencia-se, mediante a análise até aqui exposta, que a potencial sujeição passiva dessa contribuição é sobremodo abrangedora, posto que qualquer empresa, ainda que não possua empregados, pode ser sujeito passivo da exação em questão.

Posto isso, dedicar-nos-emos, nos próximos itens, às possíveis materialidades da hipótese de incidência da contribuição para o financiamento da Seguridade Social a cargo do empregador, da empresa e das entidades a ela equiparadas.

3.2.1.1.   Folha de Salários e Demais Rendimentos do Trabalho

O artigo 195, I, do Texto Supremo identifica os potenciais contribuintes e, ato contínuo, arrola as bases de cálculo concernentes às contribuições sociais a cargo dos mesmos. Assim, vejamos o que dispõe a sua alínea *a*:

> Art. 195. A seguridade social será financiada por toda a sociedade, de forma direta e indireta, nos termos da lei, mediante recursos provenientes dos orçamentos da União, dos Estados, do Distrito Federal e dos Municípios, e das seguintes contribuições sociais:
> I - do empregador, da empresa e da entidade a ela equiparada na forma da lei, incidentes sobre:
> a) a folha de salários e demais rendimentos do trabalho pagos ou creditados, a qualquer título, à pessoa física que lhe preste serviço, mesmo sem vínculo empregatício;
> [...]

A enunciação "folha de salários" pressupõe a existência de um "salário", isto é, a remuneração paga ao empregado, como contraprestação pelo trabalho desempenhado em caráter habitual e sob a subordinação de um empregador. Contudo, deve-se levar em conta, para efeito de cálculo das contribuições exigidas, que o artigo 201, § 11, da Carta Magna amplifica a definição de salário.

Observemos o aludido dispositivo:

> Art. 201. A previdência social será organizada sob a forma de regime geral, de caráter contributivo e de filiação obrigatória, observados critérios que preservem o equilíbrio financeiro e atuarial, e atenderá, nos termos da lei, a:
> [...]
> § 11. Os ganhos habituais do empregado, a qualquer título, serão incorporados ao salário para efeito de contribuição previdenciária e consequente repercussão em benefícios, nos casos e na forma da lei.
> [...]

Dessa forma, a conceituação de "salário" torna-se extensa, abrangendo, com base nos ditames constitucionais, "os ganhos habituais do empregado, a qualquer título". Incide em erro, portanto, aquele que restringe a incidência da contribuição sob comento ao conceito estrito de salário assentado na norma celetista.

Além disso, a competência para a instituição da contribuição em exame abrange, também, os "demais rendimentos do trabalho pagos ou creditados, a qualquer título, à pessoa física que lhe preste serviço, mesmo sem vínculo empregatício". Isto significa que a relativa competência não se limita à instituição de contribuição social sobre a folha de salários, ensejando, por conseguinte, que sejam alcançadas, ainda, outras remunerações pagas em contraprestação ao trabalho prestado, não se exigindo, necessariamente, que haja uma relação de emprego.

Sendo assim, as remunerações pagas aos autônomos, avulsos, sócios-diretores (intituladas pró-labore) e, inclusive, aquelas adimplidas pelos Municípios aos seus respectivos agentes políticos (prefeitos e vereadores) submetem-se à tributação de contribuição ordinária ou nominada destinada ao custeio da Seguridade Social, como estipulado pelo artigo 195, I, *a*, do Diploma Maior, podendo ser instituída mediante lei ordinária.

Porém, devem ser observados certos limites, ao exercer-se a respeitante competência, pois ela encontra-se circunscrita aos termos do artigo 195, I, *a*, da Carta Federal.

Desse modo, incumbe trazer à baila os apurados esclarecimentos propostos por Leandro Paulsen e Andrei Pitten Velloso em requintada obra acerca da temática elencada:

> A referência, na norma de competência, a "rendimentos do trabalho" afasta a possibilidade de o legislador fazer incidir a contribuição sobre verbas indenizatórias. Assim, os valores pagos a título de auxílio-creche, de auxílio-transporte e as ajudas de custo em geral, desde que compensem despesa real, não podem integrar a base de cálculo da contribuição previdenciária.
> Ademais, a base econômica que pode ser objeto de tributação restringe-se à remuneração "paga ou creditada", conforme se vê da redação do art. 195, I, *a*, da Constituição. Pagamento é o valor prestado ao trabalhador seja em espécie, seja mediante depósito em conta corrente, ou mesmo *in natura*,

como utilidades. Creditamento é o lançamento contábil a crédito do trabalhador. Não se pode confundir a remuneração paga ou creditada com a que eventualmente seja devida mas que não foi sequer formalizada em favor do trabalhador.

Do mesmo modo, importa considerar que a base econômica abrange a folha de salários e demais rendimentos do trabalho pagos ou creditados, a qualquer título, à "pessoa física" que preste serviço, mesmo sem vínculo empregatício. Ou seja, a relação contratual deve dar-se com a pessoa física diretamente[96].

Vislumbra-se, consequentemente, que os pagamentos efetuados às cooperativas de trabalho ou, até mesmo, às empresas prestadoras de serviços não se encontram no raio de incidência da norma em análise, posto que, nessas situações, a relação jurídica envolve pessoas jurídicas.

Portanto, não há óbice em identificar-se se o creditamento ou o pagamento foi direcionado, ou não, à pessoa física, devendo, para tanto, verificar-se quem, nominalmente, o recebeu. Logo, se o pagamento realiza-se mediante a entrega de recibo de pagamento a autônomo, caracteriza-se como pagamento à pessoa física; de outra banda, se o mesmo é realizado por meio da emissão de nota fiscal de prestação de serviços, será considerado pagamento à pessoa jurídica.

Cabe ressaltar, por fim, que o § 13, do artigo 195, do Texto Magno assenta a possibilidade de se substituir, total ou parcialmente, a contribuição sobre a folha de salários e demais pagamentos efetuados à pessoa física (art. 195, I, *a*, do Diploma Excelso) pela incidente sobre a receita ou o faturamento (art. 195, I, *b*, da Carta Maior), como forma de se desonerar a contratação formal de trabalhadores. Notemos o supradito dispositivo:

> Art. 195. A seguridade social será financiada por toda a sociedade, de forma direta e indireta, nos termos da lei, mediante recursos provenientes dos orçamentos da União, dos Estados, do Distrito Federal e dos Municípios, e das seguintes contribuições sociais:
> [...]
> § 13. Aplica-se o disposto no § 12 inclusive na hipótese de substituição gradual, total ou parcial, da contribuição incidente na forma do inciso I, a, pela incidente sobre a receita ou o faturamento.

Tal estipulação justifica-se em decorrência das incessantes preocupações imanentes à carga tributária brasileira. Nesse sentido, a Constituição da República aponta a "busca do pleno emprego" como princípio basilar da Ordem Econômica (art. 170, VIII, do Texto Supremo), porém a turbulenta carga tributária nacional, ao onerar demasiadamente a contratação formal de empregados, juntamente com os elevados encargos trabalhistas, encarece e entrava as contratações, impelindo, como consequência, à forçosa informalidade.

---

[96] PAULSEN; VELLOSO, *op. cit.*, p. 127.

Disso resulta a necessidade de se almejar distinto supedâneo tributário para a mantença da Seguridade Social, o qual não se remeta, imperiosamente, ao valor da folha de salários.

3.2.1.2.   Receita ou Faturamento

Trataremos, agora, das contribuições sociais incidentes sobre a receita ou o faturamento. Porém, cumpre alertar, antes disso, que a contribuição sobre a receita ou o faturamento substitutiva da contribuição sobre a folha de salários, perfilhada no § 13, do artigo 195, do Texto Maior, foi retratada no item anterior, ao tratarmos propriamente das contribuições sociais incidentes sobre a folha de salários e demais rendimentos do trabalho.

Posto isso, observemos o dispositivo que forja a competência para se instituir contribuições para a Seguridade Social sobre a receita ou o faturamento:

> Art. 195. A seguridade social será financiada por toda a sociedade, de forma direta e indireta, nos termos da lei, mediante recursos provenientes dos orçamentos da União, dos Estados, do Distrito Federal e dos Municípios, e das seguintes contribuições sociais:
> I - do empregador, da empresa e da entidade a ela equiparada na forma da lei, incidentes sobre:
> [...]
> b) a receita ou o faturamento;
> [...]

Nesse cenário, faz-se necessário analisarmos os termos "receita" e "faturamento", distinguindo-os e determinando aquilo que se amolda aos seus respectivos significados.

Iniciemos, pois, pelo significado do vocábulo "faturamento", o qual consiste, substancialmente, no "meio pelo qual se extrai a fatura das mercadorias vendidas"[97]. Fatura, por sua vez, é o "documento (nota de venda) que diz respeito à venda de mercadorias, que nele se relacionam, remetidas ou entregues ao comprador"[98].

Todavia, não é esse o sentido atribuído ao termo pela Lei Maior. A contribuição social sobre o "faturamento" não tem sua incidência vinculada, unicamente, à existência de fatura, tampouco deriva do mero resultado de sua somatória, porquanto esses elementos traduzem-se meramente em registro documental, e referem-se tão somente ao conjunto de negócios jurídicos praticados pelo contribuinte.

Ciente desse contexto, Leandro Paulsen, ao tratar do assunto, observa que:

> [...] a noção de faturamento em matéria fiscal, quando do advento da Constituição de 1988, embora não fosse tão restrita a ponto de só alcançar as

---

[97] JARDIM, Eduardo Marcial Ferreira. **Dicionário Jurídico Tributário**. 5. ed. São Paulo: Dialética, 2005, p. 130.
[98] GUIMARÃES, Deocleciano Torrieri (*in memoriam*). **Dicionário Técnico Jurídico**. atualização de Ana Cláudia Schwenck dos Santos. 18. ed. São Paulo: Rideel, 2015, p. 389.

vendas acompanhadas de fatura, não autorizava fosse tomado como sinônimo de receita bruta, assim entendidas quaisquer receitas do contribuinte. De fato, vinha-se, já, considerando como faturamento a receita proveniente da venda de mercadorias e serviços, de maneira que é com esta amplitude que deve ser considerada a base econômica do art. 195, I, da Constituição na sua redação original[99].

Com efeito, a realização de operações mercantis, como a venda de produtos, a prestação de serviços ou a efetuação de operações similares, é indispensável para que haja "faturamento". Por consequência, a contribuição social sobre o faturamento deverá incidir exatamente sobre tais operações. São essas, portanto, as materialidades das hipóteses de incidência pelas quais se permite comensurar o "faturamento".

Nesse sentido, Fabiana Del Padre Tomé denota o semblante do termo aludido, quando referido no altiplano constitucional:

> Faturamento, portanto, no contexto constitucional, consiste na expressão financeira indicativa da realização de operações (negócios jurídicos). Representa uma grandeza muito específica, a qual tem que decorrer, necessariamente, dos negócios jurídicos que representem a principal atividade econômica da empresa, nela não se agregando, nas palavras de Geraldo Ataliba e Cléber Giardino, "*montantes outros que, embora a ele acessórios, consequentes ou paralelos, com a sua estrita e particular grandeza não se confundem*"[100].

Diante disso, compete distinguirmos "faturamento" de "receita".

Como notado, o faturamento consubstancia os valores auferidos em decorrência da realização de operações mercantis que reflitam a principal atividade econômica do contribuinte, contendo, assim, os preços das mercadorias, dos serviços e das operações equivalentes. A receita, por sua vez, representa todos os valores que ingressam no caixa, "podendo ser constituída, por exemplo, de juros, alugueis, *royalties* [...]. Diferentemente do faturamento, a receita consiste em qualquer ingresso de valores, decorrente ou não da atividade do contribuinte, apresentando, assim, maior abrangência"[101].

Nessa perspectiva, José Antonio Minatel[102], em magistral trabalho sobre o assunto, estipula notas determinantes do conceito de receita, destacando que "receita" consiste no ingresso definitivo de valores que remuneram os negócios jurídicos resultantes do exercício de atividade econômica ou empresarial, abrangendo: **i)** a venda de mercadorias e a prestação de serviços (faturamento); **ii)** a cessão onerosa e temporária de bens ou direitos (alugueis, *royalties* etc.); e **iii)** a remuneração dos investimentos (juros).

"Receita", portanto, é gênero, do qual "faturamento" é espécie.

---

[99] PAULSEN, *op. cit.*, p. 545.
[100] TOMÉ, *op. cit.*, p. 110.
[101] *Ibidem.*
[102] MINATEL, José Antonio. **Conteúdo do Conceito de Receita e Regime Jurídico para sua Tributação**. São Paulo: MP Editora, 2005, p. 123 *et seq.*

No entanto, embora faturamento e receita sejam grandezas econômicas distintas, o artigo 195, II, *b*, da Carta Maior, ao permitir a instituição de contribuição para a Seguridade Social sobre "a receita ou o faturamento", tornou a distinção entre esses conceitos algo desnecessário, posto que quaisquer receitas do contribuinte, reveladoras de capacidade contributiva, podem ser colocadas, por lei, como integrantes da base de cálculo dessa exação.

Sendo assim, a base imponível da exação sob comento não se restringe às receitas provenientes da venda de mercadorias e da prestação de serviços, englobando, também, as receitas oriundas de juros, *royalties*, alugueis etc.

Contudo, faz-se pertinente o alerta de Leandro Paulsen e Andrei Pitten Velloso:

> Efetivamente, embora o conceito de receita seja mais largo que o de faturamento, nem todo ingresso ou lançamento contábil a crédito constitui receita tributável. A análise da amplitude da base econômica "receita" precisa ser analisada sob a perspectiva dos princípios constitucionais tributários, dentre os quais o da capacidade contributiva e da isonomia. Nem tudo o que contabilmente seja considerado como receita poderá, tão só por isso, ser considerado como "receita tributável". Tampouco é dado à SRF ampliar por atos normativos o que se deva considerar como tal. A receita, para ser tributada, deve constituir riqueza reveladora de capacidade contributiva[103].

Cabe salientar, por fim, que a lei poderá definir os setores de atividade econômica para os quais as contribuições incidentes sobre a receita ou o faturamento e sobre a importação serão não-cumulativas, nos termos do § 12, do artigo 195, da Lei Suprema.

Em vista disso, a sistemática da não-cumulatividade das contribuições supramencionadas deverá ser determinada por lei, visto que o § 12, do artigo 195, da Carta Federal apenas alude à possibilidade de o legislador ordinário traçar os setores da economia para os quais as contribuições serão não-cumulativas, sem estabelecer, porém, os critérios a serem observados para tanto.

Ademais, como pondera Leandro Paulsen, "a receita é fenômeno que diz respeito a cada contribuinte individualmente considerado, não havendo que se falar propriamente em ciclo ou cadeia econômica"[104]. Nessa toada, Leandro Paulsen e Andrei Pitten Velloso anotam que "a não-cumulatividade em tributo sobre a receita é uma ficção que, justamente por ter em conta a receita, induz uma amplitude maior que a da não-cumulatividade dos impostos sobre operações com produtos industrializados ou mesmo sobre a circulação de mercadorias"[105].

---

[103] PAULSEN; VELLOSO, *op. cit.*, p. 203.
[104] PAULSEN, *op. cit.*, p. 566.
[105] PAULSEN; VELLOSO, *op. cit.*, p. 214.

Assim, deve-se levar em conta, ao se definir a sistemática da não-cumulatividade das contribuições incidentes sobre a receita ou o faturamento, "a base econômica que é objeto de tributação – a receita –, a racionalidade da sua incidência e a necessária coerência interna do seu regime jurídico"[106].

Percebe-se, portanto, que, diversamente do que sucede na não-cumulatividade de tributos pertinentes à cadeia econômica, como, por exemplo, o I.P.I. e o I.C.M.S., no caso das contribuições sociais sobre a receita ou o faturamento, não haverá *creditamento* de valores destacados nas operações anteriores, mas, sim, apuração de créditos calculados em relação a bens e serviços utilizados como insumos na atividade econômica.

3.2.1.3. Lucro

Compete à União instituir contribuição social sobre o lucro, a fim de se custear a Seguridade Social. Neste sentido, atentemos ao disposto no artigo 195, I, *c*, da Carta Federal:

> Art. 195. A seguridade social será financiada por toda a sociedade, de forma direta e indireta, nos termos da lei, mediante recursos provenientes dos orçamentos da União, dos Estados, do Distrito Federal e dos Municípios, e das seguintes contribuições sociais:
> I - do empregador, da empresa e da entidade a ela equiparada na forma da lei, incidentes sobre:
> [...]
> c) o lucro;
> [...]

Cabe salientar que o lucro é figura que se assemelha à renda. Porém, equivoca-se quem entende que a contribuição social sobre o lucro se equipararia ao imposto de renda, ou a um adicional deste. Assim, incumbe inquirirmos o conceito de lucro.

José Eduardo Soares de Mello, com acuidade ímpar, discorre sobre o conceito de lucro:

> Na etimologia latina, *lucrum* equivale a ganho. O clássico Cândido Figueiredo entende lucro como sinônimo de ganho líquido.
> Para recorrer a outro sistema de ordenamento positivo, lucro (ou *profit*) significa *gain realized from business over and above expenses* – ou seja, "ganho realizado em atividades econômicas acima e além das despesas", conforme Antônio Roberto Sampaio Dória. O autor explica que "[...] lucros, rendimentos ou ganhos são conceitos que se irmanam sob a acepção mais genérica de renda, fenômeno de índole eminentemente econômica, que o Direito absorve e reveste de contornos próprios (ou seja, juridiza-o) para aplicação de suas próprias normas, coercitivas, especialmente nas áreas comercial e fiscal"[107].

---

[106] PAULSEN, *op. cit.*, p. 566.
[107] MELO, José Eduardo Soares de. **Contribuições Sociais no Sistema Tributário**. 4. ed. São Paulo: Malheiros, 2003, p.194/195.

A Carta Magna não tipifica o lucro, restando, assim, certa margem de liberdade ao legislador ordinário que, ao exercitar a competência outorgada pelo Diploma Maior, deverá determinar a tributação, apenas e tão somente, daquilo que se constituir em acréscimo patrimonial decorrente do exercício da atividade da empresa ou entidade a ela equiparada.

Impende enfatizar, desde logo, que o legislador ordinário não poderá tributar o lucro identicamente para a contribuição social sobre o lucro e o imposto sobre a renda da pessoa jurídica.

Não se confundem, portanto, as bases de cálculo da Contribuição Social sobre o Lucro Líquido – C.S.L.L. e do Imposto sobre a Renda das Pessoas Jurídicas – I.R.P.J. Rigorosamente, nenhuma delas corresponde de maneira absoluta ao lucro líquido (lucro contábil).

A base de cálculo da C.S.L.L. é o acanhado resultado ajustado, ao passo que a do I.R.P.J. é o denominado lucro real, ambas, entretanto, são colhidas a partir do lucro líquido, porém perpassam por adições, exclusões e compensações estipuladas legalmente, para alcançar-se as bases econômicas almejadas.

Percebe-se, portanto, que, no Sistema Tributário Nacional, há dois tributos incidentes sobre o lucro das empresas, embora possuam critérios distintos para a apuração de suas respectivas bases de cálculo. Não havendo, todavia, impedimento algum em relação a isso, porquanto é constitucionalmente vedado apenas o *bis in idem* entre impostos (conforme se nota pelo disposto no art. 154, I, da Carta Suprema) e entre contribuições para a Seguridade Social (em conformidade ao determinado no artigo 195, § 4º, cumulado com o artigo 154, I, ambos da Lei Maior), porém não entre imposto e contribuição. Além do mais, o próprio Diploma Excelso possibilita a instituição de ambos os tributos, determinando que eles incidam, notadamente, sobre a renda (art. 153, III, da Carta da República) e o lucro (art. 195, I, *c*, do Texto Maior).

Ademais, cumpre esmiuçarmos as distinções existentes entre ambos os tributos, para que, com isso, consigamos compreender sobre quais fatos jurídicos cada um deles incide.

Primeiramente, distinguem-se os aludidos tributos pelo fato de que o imposto de renda (ou seu adicional) não pode ter o produto de sua arrecadação previamente vinculado a qualquer órgão, fundo ou despesa, à luz do artigo 167, IV, da Constituição da República, ressalvadas, apenas e tão somente, as hipóteses elencadas nesse mesmo dispositivo. E, dentre elas, não se vislumbra a possibilidade de vinculação do produto arrecadado ao financiamento da Seguridade Social.

Por oportuno, calha destacar que as quantificações do "lucro", estabelecido no artigo 195, I, do Texto Político, e da "renda", referida no artigo 153, III, da Carta do Povo, apresentam-se de maneira diversa. Nesse sentido, são acuradas as palavras de José Eduardo Soares de Melo:

> Com efeito, o lucro societário – quantificador da contribuição social – não significa inexoravelmente o lucro (ou renda) pertinente ao imposto, uma vez que as bases de cálculo não são necessariamente as mesmas. Conquanto possa representar uma aspiração da ciência contábil, a realidade jurídica é outra, visto que o legislador do imposto de renda determina ao contribuinte que proceda a diversos ajustes (adições, exclusões ou compensações) ao seu resultado societário (lucro líquido de natureza contábil), para apurar o lucro real tributável (este é a base de cálculo do IR); enquanto que a contribuição social atém-se ao lucro contábil, sem proceder a tais ajustes[108].

Desse modo, divergem o lucro contábil e o lucro fiscal, bases de cálculo, respectivamente, da contribuição social destinada ao financiamento da Seguridade Social e do imposto sobre a renda das pessoas jurídicas. Nessa perspectiva, Fabiana Del Padré Tomé clarifica a distinção existente entre as supracitadas bases de cálculo:

> Enquanto o lucro tributável a título de imposto sobre a renda consiste no lucro líquido do exercício, ajustado por meio de adições, exclusões ou compensações legalmente previstas, o lucro a que se refere o art. 195, III, do Texto Maior é aquele apurado para a distribuição de resultados a sócios, acionistas e administradores (lucro societário), não comportando os ajustes acima referidos. Em consequência, os valores apurados para compor a base de cálculo da contribuição sob comento podem divergir daqueles apurados para fins de incidência do imposto sobre a renda[109].

Assinale-se, todavia, que, ao efetuar-se a apuração do lucro ao fim de um intervalo de tempo, não se pode desconsiderar o cenário contábil existente no início desse interstício. Desacertado, assim, definir como lucro, em um certo período, um valor positivo, sem que se leve em conta os valores negativos dos períodos anteriores, pois, sem realizar-se essa compensação (valor positivo subtraídos os prejuízos antecessores), estar-se-ia diminuindo o patrimônio da sociedade.

3.2.2. Contribuição Social do Trabalhador e dos Demais Segurados da Previdência Social

Dispõe o artigo 195, II, da Carta Política que uma das fontes de financiamento direto da Seguridade Social emana das contribuições sociais do trabalhador e dos demais segurados da Previdência Social. Relativamente aos últimos, cabe ressaltar que o referente

---

[108] MELO, **Curso de Direito Tributário**, p. 76.
[109] TOMÉ, *op. cit.*, p. 112.

dispositivo exclui de sua incidência a aposentadoria e pensão concedidas pelo Regime Geral de Previdência Social de que trata o artigo 201 do Texto Maior.

Observemos o referido cânone:

> Art. 195. A seguridade social será financiada por toda a sociedade, de forma direta e indireta, nos termos da lei, mediante recursos provenientes dos orçamentos da União, dos Estados, do Distrito Federal e dos Municípios, e das seguintes contribuições sociais:
> [...]
> I - do trabalhador e dos demais segurados da previdência social, não incidindo contribuição sobre aposentadoria e pensão concedidas pelo regime geral de previdência social de que trata o art. 201;
> [...]

Frise-se, sem demora, que o preceito em comento encontra-se em harmonia com o caráter contributivo da Previdência Social, gravado no artigo 201 da Lei Suprema. Vejamos:

> Art. 201. A **previdência social** será organizada sob a forma de regime geral, de **caráter contributivo** e de filiação obrigatória, observados critérios que preservem o equilíbrio financeiro e atuarial, e atenderá, nos termos da lei, a:
> [...] (grifos nossos)

Dessa forma, a contribuição social do trabalhador e dos demais segurados da Previdência Social adquire a feição de contribuição previdenciária. Nesse sentido, Leandro Paulsen e Andrei Pitten Velloso deslindam os motivos que ensejam o caráter estritamente previdenciário dessa exação:

> No art. 195, II, não há referência à contribuição dos usuários dos serviços de saúde e dos destinatários das políticas de assistência social porque a saúde é direito de todos, assegurado o acesso universal[110], e a assistência é prestada aos necessitados, que sequer capacidade contributiva teriam[111]. A saúde e a assistência, pois, diferentemente da previdência, não têm caráter contributivo[112].

O termo "trabalhador" abarca todo aquele que efetiva uma prestação de serviços, isto é, que desenvolve uma atividade econômica, abrangendo tanto aquele que presta serviços a um empregador, como à pessoa com a qual não mantenha vínculo empregatício.

Insta mencionar, não obstante, que, para configurar-se como tal, independe se o sujeito é empregado, empresário, autônomo ou servidor público. É imprescindível, todavia, que se exerça alguma atividade laboral. Portanto, não integram essa classe os meros sócios capitalistas que não exercem alguma atividade em suas empresas, limitando-se a somente

---

[110] Art. 196. A saúde é direito de todos e dever do Estado, garantido mediante políticas sociais e econômicas que visem à redução do risco de doença e de outros agravos e ao acesso universal e igualitário às ações e serviços para sua promoção, proteção e recuperação.

[111] Art. 203. A assistência social será prestada a quem dela necessitar, independentemente de contribuição à seguridade social, e tem por objetivos: [...]

[112] PAULSEN; VELLOSO, *op. cit.*, p. 166.

auferir os resultados operacionais. Assim, tais sujeitos estão, consequentemente, excluídos do polo passivo da contribuição em análise[113].

A par disso, registre-se que as contribuições dos servidores públicos (não englobados por regime próprio de Previdência Social) e dos autônomos acham-se invariavelmente anuídas na qualidade de segurados do Regime Geral de Previdência Social, com supedâneo na norma do artigo 195, II, do Texto Maior.

Segurados da Previdência Social, por sua vez, são as pessoas amparadas pelo Regime Geral de Previdência Social, titulares dos benefícios sociais assegurados pelo sistema previdenciário.

São *segurados obrigatórios* do Regime Geral de Previdência Social o trabalhador, o empregado e todas as demais pessoas físicas que desempenham atividade econômica (incluindo-se, aí, os autônomos, empresários, avulsos, produtores rurais, agentes políticos etc.). Admite-se, ainda, *segurados facultativos*, quais sejam, o estudante e a dona de casa.

Ante o exposto, vislumbra-se que a Carta Magna não aponta o fato gerador e a base de cálculo da citada contribuição.

A despeito disso, procedendo a uma hermenêutica sistêmica do texto constitucional, é possível inferir que a referida contribuição somente poderá incidir sobre a remuneração percebida em virtude do trabalho prestado, não podendo o legislador ordinário federal aprazar uma base de cálculo diferente desta, porquanto é ela que qualifica um sujeito como trabalhador.

3.2.2.2.   Categorias de Segurados da Previdência Social

No Capítulo I (Dos Contribuintes), Seção I (Dos Segurados), da Lei n.º 8.212/1991 encontram-se estabelecidos os *segurados obrigatórios* (art. 12) e *facultativos* (art. 14) do Regime Geral de Previdência Social, remanescendo excluídos, por seu turno, os servidores públicos civis e os militares amparados por regime próprio de Previdência Social (art. 13, *caput*).

O artigo 12 da legislação em comento qualifica como *segurados obrigatórios*, na qualidade de *empregado*, as seguintes pessoas físicas:

I   aquele que presta serviço de natureza urbana ou rural à empresa, em caráter não eventual, sob sua subordinação e mediante remuneração, inclusive como diretor empregado;

---

[113] TOMÉ, *op. cit.*, p. 113.

II aquele que, contratado por empresa de trabalho temporário, definida em legislação específica, presta serviço para atender a necessidade transitória de substituição de pessoal regular e permanente ou a acréscimo extraordinário de serviços de outras empresas;

III o brasileiro ou estrangeiro domiciliado e contratado no Brasil para trabalhar como empregado em sucursal ou agência de empresa nacional no exterior;

IV aquele que presta serviço no Brasil a missão diplomática ou a repartição consular de carreira estrangeira e a órgãos a ela subordinados, ou a membros dessas missões e repartições, excluídos o não-brasileiro sem residência permanente no Brasil e o brasileiro amparado pela legislação previdenciária do país da respectiva missão diplomática ou repartição consular;

V o brasileiro civil que trabalha para a União, no exterior, em organismos oficiais brasileiros ou internacionais dos quais o Brasil seja membro efetivo, ainda que lá domiciliado e contratado, salvo se segurado na forma da legislação vigente do país do domicílio;

VI o brasileiro ou estrangeiro domiciliado e contratado no Brasil para trabalhar como empregado em empresa domiciliada no exterior, cuja maioria do capital votante pertença a empresa brasileira de capital nacional;

VII o servidor público ocupante de cargo em comissão, sem vínculo efetivo com a União, Autarquias, inclusive em regime especial, e Fundações Públicas Federais;

VIII o empregado de organismo oficial internacional ou estrangeiro em funcionamento no Brasil, salvo quando coberto por regime próprio de Previdência Social; e

IX o exercente de mandato eletivo federal, estadual ou municipal, desde que não vinculado a regime próprio de Previdência Social.

De outra banda, o supracitado artigo qualifica como *segurado obrigatório*, na qualidade de *empregado doméstico*, aquele que presta serviço de natureza contínua a pessoa ou família, no âmbito residencial desta, em atividades sem fins lucrativos.

Por sua vez, o dispositivo sob exame qualifica, ainda, como *segurado obrigatório*, na modalidade *contribuinte individual*:

1. a pessoa física, proprietária ou não, que explora atividade agropecuária, a qualquer título, em caráter permanente ou temporário, em área superior a 4 (quatro) módulos fiscais; ou, quando em área igual ou inferior a 4 (quatro) módulos fiscais ou atividade pesqueira, com auxílio de empregados ou por intermédio de prepostos; ou ainda nas hipóteses dos §§ 10 e 11 da norma em estudo;

2. a pessoa física, proprietária ou não, que explora atividade de extração mineral - garimpo, em caráter permanente ou temporário, diretamente ou por intermédio de prepostos, com ou sem o auxílio de empregados, utilizados a qualquer título, ainda que de forma não contínua;

3. o ministro de confissão religiosa e o membro de instituto de vida consagrada, de congregação ou de ordem religiosa;

4. o brasileiro civil que trabalha no exterior para organismo oficial internacional do qual o Brasil é membro efetivo, ainda que lá domiciliado e contratado, salvo quando coberto por regime próprio de Previdência Social;

5. o titular de firma individual urbana ou rural, o diretor não empregado e o membro de conselho de administração de sociedade anônima, o sócio solidário, o sócio de indústria, o sócio gerente e o sócio cotista que recebam remuneração decorrente de seu trabalho em empresa urbana ou rural, e o associado eleito para cargo de direção em cooperativa, associação ou entidade de qualquer natureza ou finalidade, bem como o síndico ou administrador eleito para exercer atividade de direção condominial, desde que recebam remuneração;

6. quem presta serviço de natureza urbana ou rural, em caráter eventual, a uma ou mais empresas, sem relação de emprego; e

7. a pessoa física que exerce, por conta própria, atividade econômica de natureza urbana, com fins lucrativos ou não.

Por outro lado, consta como *segurado obrigatório*, na categoria *trabalhador avulso*, quem presta, a diversas empresas, sem vínculo empregatício, serviços de natureza urbana ou rural definidos no regulamento.

Em alternativa, figura como *segurado especial*, a pessoa física residente no imóvel rural ou em aglomerado urbano ou rural próximo a ele que, individualmente ou em regime de economia familiar, ainda que com o auxílio eventual de terceiros a título de mútua colaboração, na condição de:

1. produtor, seja proprietário, usufrutuário, possuidor, assentado, parceiro ou meeiro outorgados, comodatário ou arrendatário rurais, que explore atividade:

a) agropecuária em área de até 4 (quatro) módulos fiscais; ou

b) de seringueiro ou extrativista vegetal que exerça suas atividades nos termos do inciso XII do *caput* do art. 2º da Lei n.º 9.985, de 18 de julho de 2000, e faça dessas atividades o principal meio de vida;

2. pescador artesanal ou a este assemelhado, que faça da pesca profissão habitual ou principal meio de vida; e

3. cônjuge ou companheiro, bem como filho maior de 16 (dezesseis) anos de idade ou a este equiparado, do segurado, que, comprovadamente, trabalhem com o grupo familiar respectivo.

Finalmente, apresenta-se como *segurado facultativo*, o maior de 14 (quatorze) anos de idade que se filiar ao Regime Geral de Previdência Social, mediante contribuição, desde que não incluído nas disposições do artigo 12 retromencionado.

Assim, considerando que o Regime Geral de Previdência Social tem caráter contributivo, todos os segurados deste regime deverão contribuir para a Previdência Social, como requisito indispensável à obtenção do direito aos benefícios sociais.

Cabe ressaltar, ainda, que o § 2º, do artigo 12, da Lei n.º 8.212/1991 pronuncia-se a respeito da filiação cumulativa relativamente às diversas atividades remuneradas exercidas, concomitantemente, por uma mesma pessoa física. Vejamos:

> Art. 12. São segurados obrigatórios da Previdência Social as seguintes pessoas físicas:
> [...]
> § 2º Todo aquele que exercer, concomitantemente, mais de uma atividade remunerada sujeita ao Regime Geral de Previdência Social é obrigatoriamente filiado em relação a cada uma delas.
> [...]

Desse modo, a pessoa física que exercer, ao mesmo tempo, mais de uma atividade econômica, "recolherá como contribuinte obrigatório relativamente a cada uma delas, observado, porém, na soma das diversas atividades, o teto mensal correspondente ao maior salário de contribuição"[114].

Acerca do aposentado que se conserva exercendo atividade econômica, este deverá continuar recolhendo as contribuições exigidas pela Lei, bem como o aposentado que tornar a exercer atividade que o vincule ao Regime Geral de Previdência Social. Conforme se nota pelo disposto no § 4º, do artigo 12, da Lei n.º 8.212/1991:

> Art. 12. São segurados obrigatórios da Previdência Social as seguintes pessoas físicas:
> [...]
> § 4º O aposentado pelo Regime Geral de Previdência Social-RGPS que estiver exercendo ou que voltar a exercer atividade abrangida por este Regime é segurado obrigatório em relação a essa atividade, ficando sujeito às contribuições de que trata esta Lei, para fins de custeio da Seguridade Social.
> [...]

Tal preceito fundamenta-se nos Princípios da Universalidade e Solidariedade, norteadores do financiamento da Seguridade Social.

---

[114] PAULSEN; VELLOSO, *op. cit.*, p. 171.

Por derradeiro, o servidor público amparado por regime próprio de Previdência Social está excluído do Regime Geral de Previdência Social.

Cumpre salientar, entretanto, que o servidor público que se encontre vinculado a regime próprio de Previdência Social e que exerça, concomitantemente, atividade que o qualifique como *segurado obrigatório* do Regime Geral de Previdência Social, deverá contribuir para ambos os regimes, à luz do artigo 13, § 1º, da Lei n.º 8.212/1991. Observemos:

> Art. 13. O servidor civil ocupante de cargo efetivo ou o militar da União, dos Estados, do Distrito Federal ou dos Municípios, bem como o das respectivas autarquias e fundações, são excluídos do Regime Geral de Previdência Social consubstanciado nesta Lei, desde que amparados por regime próprio de previdência social.
> § 1º Caso o servidor ou o militar venham a exercer, concomitantemente, uma ou mais atividades abrangidas pelo Regime Geral de Previdência Social, tornar-se-ão segurados obrigatórios em relação a essas atividades.
> [...]

Portanto, com relação à atividade que o qualifique como *segurado obrigatório* do Regime Geral de Previdência Social, deverá contribuir "como qualquer outro trabalhador, observado o teto do maior salário de contribuição, como se servidor público não fosse"[115].

Logo, na atividade apartada do serviço público, o servidor público apresenta-se para a Previdência Social como um segurado ordinário.

Calha sublinhar, todavia, que, caso o servidor público civil ou o militar, amparados por regime próprio de Previdência Social, sejam requisitados para outro órgão ou entidade cujo regime previdenciário não permita a filiação nessa condição, permanecerão vinculados ao regime de origem, obedecidas as regras que cada ente estabeleça acerca de sua contribuição, nos termos do artigo 13, § 2º, da legislação pertinente.

Impende trazer a lume, enfim, a condição do servidor ocupante de cargo em comissão, a quem se aplica, obrigatoriamente, o Regime Geral de Previdência Social, nos termos do artigo 40, § 13, da Carta Federal:

> Art. 40. Aos servidores titulares de cargos efetivos da União, dos Estados, do Distrito Federal e dos Municípios, incluídas suas autarquias e fundações, é assegurado regime de previdência de caráter contributivo e solidário, mediante contribuição do respectivo ente público, dos servidores ativos e inativos e dos pensionistas, observados critérios que preservem o equilíbrio financeiro e atuarial e o disposto neste artigo.
> [...]
> § 13 - Ao servidor ocupante, exclusivamente, de cargo em comissão declarado em lei de livre nomeação e exoneração bem como de outro cargo temporário ou de emprego público, aplica-se o regime geral de previdência social.
> [...]

[115] PAULSEN; VELLOSO, *op. cit.*, p. 172.

3.2.2.3. Regime de Economia Familiar

Uma classe especial de trabalhadores recebeu da Carta Maior um regime diverso, relativamente ao custeio da Seguridade Social. Esses trabalhadores, de acordo com o artigo 195, § 8º, do Texto Supremo, deverão contribuir para a Seguridade Social mediante a aplicação de uma alíquota sobre o resultado da comercialização de sua produção.

Atentemos ao determinado no referido dispositivo:

> Art. 195. A seguridade social será financiada por toda a sociedade, de forma direta e indireta, nos termos da lei, mediante recursos provenientes dos orçamentos da União, dos Estados, do Distrito Federal e dos Municípios, e das seguintes contribuições sociais:
> [...]
> § 8º O produtor, o parceiro, o meeiro e o arrendatário rurais e o pescador artesanal, bem como os respectivos cônjuges, que exerçam suas atividades em regime de economia familiar, sem empregados permanentes, contribuirão para a seguridade social mediante a aplicação de uma alíquota sobre o resultado da comercialização da produção e farão jus aos benefícios nos termos da lei.
> [...]

Tal estipulação justifica-se em razão de os contribuintes supracitados apresentarem certas peculiaridades em comparação aos demais, como, por exemplo, o desempenho de suas atividades econômicas em regime de economia familiar, sem empregados permanentes, não observando, destarte, uma estrutura formal de empresa.

Em vista disso, compete perscrutarmos a acepção da expressão "regime de economia familiar" a que se reporta o aludido mandamento constitucional. Nesse sentido, contentamo-nos com a significação atribuída pelo artigo 12, § 1º, da Lei n.º 8.212/1991:

> Art. 12. São segurados obrigatórios da Previdência Social as seguintes pessoas físicas:
> [...]
> § 1º Entende-se como regime de economia familiar a atividade em que o trabalho dos membros da família é indispensável à própria subsistência e ao desenvolvimento socioeconômico do núcleo familiar e é exercido em condições de mútua dependência e colaboração, sem a utilização de empregados permanentes.
> [...]

Vislumbram-se, assim, os requisitos necessários para que um trabalhador figure como sujeito passivo na regra-matriz de incidência da exação em exame, quais sejam: o exercício de suas atividades em regime de economia familiar e a não utilização de empregados permanentes ao exercê-las.

Como é cediço, o artigo 12, VII, da Lei n.º 8.212/1991 alista o *segurado especial*, na qualidade de *segurado obrigatório*. Vejamos:

Art. 12. São segurados obrigatórios da Previdência Social as seguintes pessoas físicas:

VII – como segurado especial: a pessoa física residente no imóvel rural ou em aglomerado urbano ou rural próximo a ele que, individualmente ou em regime de economia familiar, ainda que com o auxílio eventual de terceiros a título de mútua colaboração, na condição de:

a) produtor, seja proprietário, usufrutuário, possuidor, assentado, parceiro ou meeiro outorgados, comodatário ou arrendatário rurais, que explore atividade:

1. agropecuária em área de até 4 (quatro) módulos fiscais; ou

2. de seringueiro ou extrativista vegetal que exerça suas atividades nos termos do inciso XII do caput do art. 2º da Lei nº 9.985, de 18 de julho de 2000, e faça dessas atividades o principal meio de vida;

b) pescador artesanal ou a este assemelhado, que faça da pesca profissão habitual ou principal meio de vida; e

c) cônjuge ou companheiro, bem como filho maior de 16 (dezesseis) anos de idade ou a este equiparado, do segurado de que tratam as alíneas *a* e *b* deste inciso, que, comprovadamente, trabalhem com o grupo familiar respectivo.

Com efeito, o *segurado especial* está abarcado pela prescrição do artigo 195, II, da Carta Suprema, que outorga competência à União para a instituição de contribuição social do trabalhador e demais segurados da Previdência Social, consoante averiguado em momento anterior[116].

Portanto, aquele deve contribuir ao custeio da Seguridade Social como pessoa física segurada do Regime Geral de Previdência Social.

Sobressai, porém, o fato de que o artigo 195, § 8º, do Texto Maior, atentando-se às peculiaridades da atividade econômica de tal segurado, impõe que a aludida contribuição incidirá sobre o resultado da comercialização da sua produção.

A par disso, avocamos, outra vez, as lições de Leandro Paulsen e Andrei Pitten Velloso, no que tange à condição de validez do sujeito passivo da contribuição sob comento:

> Enquanto a incidência da contribuição sobre o resultado da comercialização da produção é inconstitucional relativamente ao empregador rural, como visto quando do seu tratamento específico, é válida relativamente aos segurados especiais na condição de segurados, pois, além de esta não estar delimitada pelo texto da alínea *a* do inciso I do art. 195 da Constituição, tendo por base constitucional, sim, o inciso II do art. 195, há a previsão expressa do § 8º do mesmo artigo do texto constitucional[117].

Dessa forma, o gravame em estudo não pode ser exigido do empregador rural, sob pena de flagrante inconstitucionalidade, mesmo sendo este pessoa física. Ademais, o fato dele ser "empregador", por si só, vem de encontro à exigência constitucional de não possuir empregados permanentes, além de obstar a configuração de um regime de economia familiar.

3.2.3. Contribuição Social sobre a Receita de Concursos de Prognósticos

---

[116] *Cf.* item 3.2.2.
[117] PAULSEN; VELLOSO, *op. cit.*, p. 188.

Examinemos a prescrição veiculada pelo artigo 195, III, da Carta Política:

> Art. 195. A seguridade social será financiada por toda a sociedade, de forma direta e indireta, nos termos da lei, mediante recursos provenientes dos orçamentos da União, dos Estados, do Distrito Federal e dos Municípios, e das seguintes contribuições sociais:
> [...]
> III - sobre a receita de concursos de prognósticos.
> [...]

Consideram-se concursos de prognósticos todos e quaisquer concursos de sorteios de números, loterias e apostas de qualquer natureza, inclusive as realizadas em reuniões hípicas, nos âmbitos federal, estadual, do Distrito Federal e municipal, promovidos por órgãos do Poder Público ou, quando autorizados por este, por sociedades civis ou comerciais.

Podemos citar, como exemplo de um concurso de prognósticos realizado e fomentado em todo território nacional, a famigerada Loteria Federal, autorizada pela Lei n.º 6.717, de 12 de novembro de 1979. Através desta legislação, a Caixa Econômica Federal fica autorizada a realizar concurso de prognósticos sobre o resultado de sorteios de números, promovido em datas prefixadas, com a distribuição de prêmios mediante rateio.

"Cabe destacar que os bingos também restam abrangidos por tal conceito. Assim, as receitas decorrentes de loterias, raspadinhas, bingos e assemelhados são passíveis de tributação, a título ordinário, para fins de custeio da seguridade social"[118].

A Carta da República pauta, como aspecto material deste gravame, a ação de se "auferir receita de concursos de prognósticos" e, como sujeito passivo dessa exação, o administrador de concurso de prognósticos, posto que este é quem comete a ação elencada no aspecto material supramencionado. Desse modo, administrador de concurso de prognósticos é aquele que administra a promoção de algum dos jogos perpetuados ou autorizados pelo Poder Público.

Assim, o mero apostador (concorrente), que proporciona tal receita ao administrador, não poderá figurar como sujeito passivo da exação fiscal em comento.

Impende averiguarmos o que dispõe o artigo 26 da Lei n.º 8.212/1991 sobre a destinação da receita líquida dos concursos de prognósticos à Seguridade Social, vejamos:

> Art. 26. Constitui receita da Seguridade Social a renda líquida dos concursos de prognósticos, excetuando-se os valores destinados ao Programa de Crédito Educativo.
> § 1º Consideram-se concursos de prognósticos todos e quaisquer concursos de sorteios de números, loterias, apostas, inclusive as realizadas em reuniões hípicas, nos âmbitos federal, estadual, do Distrito Federal e municipal.

---

[118] PAULSEN, *op. cit.*, p. 606.

§ 2º Para efeito do disposto neste artigo, entende-se por renda líquida o total da arrecadação, deduzidos os valores destinados ao pagamento de prêmios, de impostos e de despesas com a administração, conforme fixado em lei, que inclusive estipulará o valor dos direitos a serem pagos às entidades desportivas pelo uso de suas denominações e símbolos.

§ 3º Durante a vigência dos contratos assinados até a publicação desta Lei com o Fundo de Assistência Social-FAS é assegurado o repasse à Caixa Econômica Federal-CEF dos valores necessários ao cumprimento dos mesmos.

Todavia, a destinação da renda líquida dos concursos de prognósticos à Seguridade Social, como estatuída no artigo supratranscrito, não pode ser imposta aos administradores de concursos de prognósticos que não do próprio Poder Público, sob pena de se tipificar tributação com efeito de confisco, vedada pela Carta Magna (art. 150, IV, do Texto Maior).

3.2.4. Contribuição Social do Importador de Bens ou Serviços do Exterior

Revela-se, por meio do artigo 195, IV, do Texto Supremo, a capacidade contributiva do importador (ou de quem a lei a ele equiparar) pela efetuação de operação de importação, para efeito de financiamento da Seguridade Social. Com isso, impende trazer à colação o dispositivo que hospeda esse gravame:

Art. 195. A seguridade social será financiada por toda a sociedade, de forma direta e indireta, nos termos da lei, mediante recursos provenientes dos orçamentos da União, dos Estados, do Distrito Federal e dos Municípios, e das seguintes contribuições sociais:
[...]
IV - do importador de bens ou serviços do exterior, ou de quem a lei a ele equiparar.
[...]

Ademais, o artigo 149, § 2º, do Diploma Maior institui a incidência de contribuições sociais sobre a importação de produtos estrangeiros ou serviços. Vejamos:

Art. 149. Compete exclusivamente à União instituir contribuições sociais, de intervenção no domínio econômico e de interesse das categorias profissionais ou econômicas, como instrumento de sua atuação nas respectivas áreas, observado o disposto nos arts. 146, III, e 150, I e III, e sem prejuízo do previsto no art. 195, § 6º, relativamente às contribuições a que alude o dispositivo.
[...]
§ 2º As contribuições sociais e de intervenção no domínio econômico de que trata o *caput* deste artigo:
[...]
II - incidirão também sobre a importação de produtos estrangeiros ou serviços;
III - poderão ter alíquotas:
a) *ad valorem*, tendo por base o faturamento, a receita bruta ou o valor da operação e, no caso de importação, o valor aduaneiro;

b) específica, tendo por base a unidade de medida adotada.

§ 3º A pessoa natural destinatária das operações de importação poderá ser equiparada a pessoa jurídica, na forma da lei.

[...]

Observe que o regramento supracitado, ao referir-se às contribuições sociais, também faz alusão, consequentemente, àquelas destinadas ao custeio da Seguridade Social, posto que, como apurado antecipadamente[119], estas se qualificam como subespécie daquelas.

A par disso, ao prescrever a possibilidade de ter-se alíquota *ad valorem*, tendo por base, no caso de importação, o valor aduaneiro, o preceito acima exposto oferece incremento ao artigo 195, IV, da Lei das Leis.

Cabe ressaltar, ainda, que o dispositivo supratranscrito, em seu § 3º, estabelece a possibilidade de equiparar-se a pessoa natural destinatária das operações de importação a pessoa jurídica, cabendo à lei definir os critérios para tanto.

De outra banda, por tratar-se de contribuição prevista no artigo 195 do Texto Supremo, a sua instituição deve ser empreendida por intermédio de lei ordinária, devendo-se observar, nesta feita, a sua finalidade, o seu sujeito passivo (importador ou a ele equiparado) e a sua base de cálculo (valor aduaneiro), posto que a outorga de competência, neste quadro, é estabelecida de maneira detalhada.

Frise-se, em tempo, que a aludida competência permitiu a instituição de contribuição para a Seguridade Social sobre a importação de bens que já suportavam, em suas operações de importação, a incidência de Imposto sobre a Importação de Produtos Estrangeiros – I.I., Imposto sobre Produtos Industrializados – I.P.I., Imposto sobre Operações relativas à Circulação de Mercadorias e sobre Prestações de Serviços de Transporte Interestadual e Intermunicipal e de Comunicação – I.C.M.S. e de contribuição de intervenção no domínio econômico (Adicional ao Frete para Renovação da Marinha Mercante – A.F.R.M.M.), assim como de serviços sujeitos, na importação, à tributação pelo Imposto sobre Serviços de Qualquer Natureza – I.S.S.Q.N. ou, ainda, pelo I.C.M.S.

Desta feita, nota-se, pois, a impetuosa expansão da carga tributária aturada nas operações de importação, a qual cotidianamente torna-se mais opulenta.

3.2.4.1. Acepção dos Vocábulos "Importação" e "Importador"

De início, cabe ressaltar que não é todo ingresso físico de bem no território nacional que se tipifica como operação de importação, dado que o simples trânsito de bem no

---

[119] *Cf.* item 2.4.3.

país ou o ingresso temporário para posterior retorno não caracteriza importação, ao passo que para se caracterizar uma operação de importação faz-se necessária a entrada do bem no território nacional tencionando a incorporação ao mercado interno.

Posto isso, cumpre sondarmos a compreensão do termo "importador" e da expressão "de quem a lei a ele equiparar".

Para isso, ofertamos excerto de esmerada obra de Leandro Paulsen e Andrei Pitten Velloso acerca do conceito de "importador":

> É importador qualquer pessoa, física ou jurídica (sociedade empresária, sociedade simples, associação etc.), que realize ou em nome de quem seja realizado o ingresso de bem ou serviço no território nacional para sua incorporação à economia interna, ou seja, que promova a importação. De fato, a referência a "importador" não se circunscreve, necessariamente, ao importador como categoria profissional, alcançando, sim, todo aquele que promova a importação, ainda que em caráter eventual e seja qual for a sua finalidade[120].

Nesse seguimento, avista-se certa liberdade ao legislador ordinário para sujeitar à imposição tributária outras pessoas a quem ele equiparar ao importador.

Assim, extrai-se da experiência existente acerca do Imposto sobre Produtos Estrangeiros, nos termos do artigo 22 do Código Tributário Nacional e do artigo 31 do Decreto-Lei n.º 37, de 18 de novembro de 1966, que são equiparáveis ao importador:

I – O arrematante de produtos apreendidos ou abandonados;

II – O destinatário de remessa postal internacional indicado pelo respectivo remetente;

III – O adquirente de mercadoria entrepostada.

Incumbe elucidar, todavia, que a possibilidade de equiparação do adquirente de mercadoria entrepostada ao importador existe, unicamente, em virtude de ser admitido, no regime de entreposto aduaneiro (em que a mercadoria estrangeira permanece em recinto alfandegado com a suspensão do pagamento do tributo), que a destinação da mercadoria entrepostada seja o despacho para consumo.

Portanto, o importador (ou pessoa a ele equiparada) apresenta-se como contribuinte do gravame na hipótese de realização de operação de importação de forma regular, em que ocorra o desembaraço aduaneiro; já o arrematante, por seu turno, situa-se no polo passivo da exação sob comento na hipótese em que há a decretação de perda do produto ingressado irregularmente ou abandonado (assim considerado aquele não desembaraçado no prazo legal), ou seja, quando não é ultimado o despacho aduaneiro[121].

---

[120] PAULSEN; VELLOSO, *op. cit.*, p. 227.
[121] PAULSEN; VELLOSO, *op. cit.*, p. 229.

3.2.4.2.   Conceituação dos Termos "Bens" e "Serviços"

Como vimos, a Carta Maior determinou a tributação do importador de "bens ou serviços do exterior".

Desse modo, cumpre perquirirmos a acepção de "bens" e de "serviços".

Nessa ocasião, saliente-se que "bens" possui sentido amplamente difuso. Nas palavras de Deocleciano Torrieri Guimarães, "bens" são:

> Bens – Conjunto de coisas que, tendo um valor apreciável, formam o patrimônio ou a riqueza de uma pessoa, física ou jurídica, de direito ou público, como móveis, imóveis, semoventes, valores, ações, direitos etc. Tudo o que é suscetível de utilização ou valor, servindo de elemento para formar o acervo econômico e objeto de direito. Para o Direito, bem é coisa que tem valor econômico ou moral, não importando, para alguns autores, que seja corpóreo ou incorpóreo. No Direito Penal, bem é tudo o que representa valor para o ser humano (material, moral, intelectual etc.) ou para a sociedade. No Direito Civil, bens são coisas ou valores que podem ser objeto de propriedade ou de outros direitos reais[122].

Contudo, como na alçada fiscal são relevantes apenas e tão somente atos ou fatos jurídicos reveladores de capacidade contributiva, isto é, com representação econômica, intenta-se, no presente caso, a tributação de importação de bens com compleição física.

"Assim, "bens", na norma de competência em questão, são quaisquer produtos, primários ou industrializados, destinados ou não ao comércio, qualquer que seja a sua finalidade, aos quais se possa atribuir um valor em moeda"[123].

Por outro lado, em relação à incidência sobre a importação de "serviços", amparamo-nos na clareza das palavras de Aires F. Barreto para elucidar o nosso percurso:

> [...] o conceito constitucional de serviço não coincide com o emergente da acepção comum, ordinária, desse vocábulo.
> [...] Daí a importância do esforço exegético no sentido de desvendar o conteúdo, sentido e alcance do conceito de serviço tributável, a que se refere o Texto Magno Constitucional.
> Não tem sentido afirmar que o conceito de serviço é econômico. Para o Direito, o conceito de serviço só pode ser extraído do sistema jurídico. De nenhuma valia pode ter a alegação de que o ISS incide sobre "a venda" de serviço, porque este é um conceito econômico. Serviço não se vende; serviço presta-se; faz-se. Estamos convencidos de que o conceito de serviço tributável pode ser buscado na própria Constituição, interpretada sistematicamente. De seus princípios e norma é possível concluir que serviço é prestação de esforço humano a terceiros, com conteúdo econômico, em caráter negocial, sob regime de direito privado, tendente à obtenção de um bem material ou imaterial.

---

[122] GUIMARÃES, *op. cit.*, p. 155.
[123] PAULSEN; VELLOSO, *op. cit.*, p. 230.

> [...] Dessa série de considerações, parece forçoso que "serviço tributável é o desempenho de atividade economicamente apreciável, produtiva de utilidade para outrem, porém sem subordinação, sob regime de direito privado, com fito de remuneração"[124].

Logo, a prestação de serviços decorre de uma relação jurídica, inaugurando-se a partir de um negócio jurídico concernente a uma obrigação de fazer, sob a regência das normas de direito privado.

Por derradeiro, incumbe observarmos que, relativamente à importação de serviços, a base imponível para efeito de tributação deverá ser a remuneração percebida como contraprestação pelos serviços prestados.

3.2.4.3.   Mensuração do Valor Aduaneiro

O Texto Constitucional prevê a possibilidade de as contribuições sociais sobre a importação terem alíquotas *ad valorem*, tendo como base imponível o "valor aduaneiro", à luz do artigo 149, § 2º, II, *a*, da Lei Maior.

À vista disso, compete distinguirmos a alíquota *ad valorem* da dita alíquota específica. Para tanto, servimo-nos da experiência de Leandro Paulsen e Andrei Pitten Velloso:

> Distingue-se a alíquota *ad valorem* da chamada alíquota específica porque aquela – *ad valorem* – é percentual a incidir sobre determinada base de cálculo, enquanto esta – a específica – consiste num determinado montante em dinheiro por unidade de medida do produto (quantidade, peso ou volume), bastando verificar a medida e multiplicar pela quantia indicada. A hipótese mais comum na tributação da importação é a de alíquotas *ad valorem*[125].

A par disso, a Carta Magna determina que a contribuição social incidente sobre a importação, ao ter alíquota *ad valorem*, tenha como base o valor aduaneiro. Assim, urge analisarmos o sentido da expressão "valor aduaneiro".

Eduardo Marcial Ferreira Jardim, ao tratar do Acordo de Valoração Aduaneira, alude que:

> Consoante noção cediça, o valor aduaneiro da mercadoria importada será o preço efetivamente pago ou a pagar numa operação de comércio. Entrementes, o preço *in casu* poderá ser ajustado segundo as disposições do aludido acordo, devidamente regulamentadas por meio do Decreto nº 2.498, de 13 de fevereiro de 1998[126].

O acordo internacional em questão é resultante da chamada Rodada Uruguai de Negociações Comerciais Multilaterais do Acordo Geral sobre Tarifas e Comércio – G.A.T.T.,

---

[124] BARRETO, Aires F. **ISS na Constituição e na Lei**. 2. ed. São Paulo: Dialética, 2005, p. 291/292.

[125] PAULSEN; VELLOSO, *op. cit.*, p. 231.

[126] JARDIM, *op. cit.*, p. 25.

pelo qual se implementa o Artigo VII do G.A.T.T. de 1994, sendo encampado, diga-se de passagem, pelo Decreto n.º 1.355, de 30 de dezembro de 1994, e regulamentado pelo Decreto n.º 2.498, de 13 de fevereiro de 1988.

Nesse compasso, o valor aduaneiro é estabelecido conforme o acordo acima aludido (no tocante ao implemento do artigo VII do G.A.T.T.), observando-se, para tanto, o disposto no Decreto n.º 92.930, de 16 de julho de 1986, que promulgou o Acordo sobre a Implementação do Artigo VII do Acordo Geral sobre Tarifas Aduaneiras e Comércio (Código de Valoração Aduaneira), no Decreto n.º 2.498, de 13 de fevereiro de 1988, que dispõe sobre a aplicação do Acordo sobre a Implementação do Artigo VII do Acordo Geral sobre Tarifas e Comércio – G.A.T.T./1994, e na Instrução Normativa S.R.F. n.º 16, de 16 de fevereiro de 1998, que estabelece normas e procedimentos para o controle do valor aduaneiro de mercadoria importada.

Desse modo, observemos os artigos 17, 18, 19 e 20 do Decreto n.º 2.498/1998, que estabelecem os elementos que integram o valor aduaneiro:

> Art. 17. No valor aduaneiro, independentemente do método de valoração utilizado, serão incluídos (parágrafo 2 do artigo 8 do Acordo de Valoração Aduaneira):
> I - o custo de transporte das mercadorias importadas até o porto ou local de importação;
> II - os gastos relativos a carga, descarga e manuseio, associados ao transporte das mercadorias importadas até o porto ou local de importação; e
> III - o custo do seguro nas operações referidas nos incisos I e II.
> Art. 18. Na apuração do valor aduaneiro segundo o método do valor de transação não serão considerados os seguintes encargos ou custos, desde que estejam destacados do preço efetivamente pago ou a pagar pela mercadoria importada, na respectiva documentação comprobatória:
> I - encargos relativos à construção, instalação, montagem, manutenção ou assistência técnica, executados após a importação, relacionados com a mercadoria importada; e
> II - o custo de transporte após a importação.
> Art. 19. Os juros devidos em razão de contrato de financiamento firmado pelo importador e relativos à compra de mercadorias importadas não serão considerados como parte do valor aduaneiro, desde que (Decisão 3.1 do Comitê de Valoração Aduaneira):
> I - o valor correspondente esteja destacado do preço efetivamente pago ou a pagar pelas mercadorias;
> II - o comprador possa comprovar que:
> a) o valor declarado como preço efetivamente pago ou a pagar corresponde de fato àquele praticado em operações de venda dessas mercadorias; e
> b) a taxa de juros negociada não excede o nível comumente praticado nesse tipo de transação no momento e no país em que tenha sido concedido o financiamento.
> Parágrafo único. O disposto neste artigo aplica-se:
> a) independentemente de o financiamento ter sido concedido pelo vendedor, por uma instituição bancária ou por outra pessoa jurídica; e

b) ainda que as mercadorias sejam valoradas segundo um método diverso daquele baseado no valor de transação.

Art. 20. O valor aduaneiro de suporte físico que contenha dados ou instruções para equipamento de processamento de dados será determinada considerando unicamente o custo ou o valor do suporte propriamente dito, desde que o custo ou o valor dos dados ou instruções esteja destacado no documento de aquisição (Decisão 4.1 do Comitê de Valoração Aduaneira).

§ 1º O suporte físico a que se refere este artigo não compreende circuitos integrados, semicondutores e dispositivos similares, ou artigos que contenham esses circuitos ou dispositivos.

§ 2º Os dados ou instruções referidos no caput deste artigo não compreendem as gravações de som, cinema ou vídeo.

Incumbe enfatizar, pois, a advertência de Leandro Paulsen e Andrei Pitten Velloso acerca da referência ao preço para entrega do produto no porto ou no local de importação:

> Cabe considerar, conforme já afirmamos alhures, que a referência ao preço para entrega no porto ou lugar de entrada do produto no País faz com que a base de cálculo seja o preço CIF (*Cost, Insurance and Freight*), sigla esta que representa cláusula que obriga o vendedor tanto pela contratação e pagamento do frete como do seguro marítimo por danos durante o transporte[127].

Em suma, o valor aduaneiro, no que tange à operação de importação, consiste no preço normal da mercadoria estrangeira posta no local de chegada ao território nacional, incluídos os encargos de transporte e seguro.

Ademais, toda mercadoria submetida ao despacho de importação assujeita-se ao controle de seu correspondente valor aduaneiro, que representa a base de cálculo tanto do imposto sobre produtos estrangeiros, como da contribuição social sobre a importação. Há, inclusive, precedente do Superior Tribunal de Justiça no sentido de permitir-se a recusa de fé à documentação apresentada pelo importador e, por conseguinte, se arbitrar a condizente base de cálculo[128].

Importa salientar, por fim, que o valor aduaneiro não engloba o montante devido a título de imposto sobre a importação de produtos estrangeiros, tampouco a própria contribuição social sobre a importação e sequer os demais tributos eventualmente incidentes sobre a respectiva operação de importação[129].

3.3.   Contribuições Residuais

---

[127] PAULSEN; VELLOSO, *op. cit.*, p. 232.

[128] *Cf.* Superior Tribunal de Justiça, REsp. n.º 727.825/S.C. – 2005/0029967-0, Relator: Ministro Luiz Fux, data de julgamento: 12/12/2006, T1 – Primeira Turma, Data de Publicação: D.J. 15/02/2007.

[129] *Cf.* Supremo Tribunal Federal, Pleno, R.E. n.º 559.937, Relatora Ministra Ellen Gracie, Relator para Acórdão Ministro Dias Toffoli, março de 2013.

Além das contribuições ordinárias ou nominadas esmerilhadas preliminarmente, o artigo 195, § 4º, do Texto Magno possibilita a instituição de novas fontes de financiamento direto da Seguridade Social, destinadas a garantir a sua manutenção ou expansão. Reparemos:

> Art. 195. A seguridade social será financiada por toda a sociedade, de forma direta e indireta, nos termos da lei, mediante recursos provenientes dos orçamentos da União, dos Estados, do Distrito Federal e dos Municípios, e das seguintes contribuições sociais:
> [...]
> § 4º A lei poderá instituir outras fontes destinadas a garantir a manutenção ou expansão da seguridade social, obedecido o disposto no art. 154, I.
> [...]

Sem embargo, essas outras fontes de financiamento direto da Seguridade Social levam a alcunha de "Contribuições Residuais" e subordinam-se ao mesmo regime jurídico das contribuições para a Seguridade Social, posto que se qualificam como tais, com a ressalva, porém, de que deve ser observada, quando de sua instituição, a regência estipulada pela Carta Magna para a instituição de "Impostos Residuais", gravada no artigo 154, I, do Diploma Maior.

Contudo, consignamos não ser possível a instituição de "impostos residuais" com a específica finalidade de financiar a Seguridade Social, pois, como pondera Fabiana Del Padre Tomé, a referência ao artigo 154, I, da Carta Política "significa tão somente a necessidade de observância dos mesmos requisitos exigidos para instituição de impostos residuais"[130].

Assim, não cabe aludir à instauração de "impostos residuais" com a destinação de sua arrecadação, exclusivamente, ao custeio da Seguridade Social, dado que esta possibilidade figura vedada pelo artigo 167, IV, da Lei Maior. Não perdurando, destarte, qualquer reserva a essa vedação, tirante aquelas pautadas no próprio regramento. Vejamos:

> Art. 167. São vedados:
> [...]
> IV - a vinculação de receita de impostos a órgão, fundo ou despesa, ressalvadas a repartição do produto da arrecadação dos impostos a que se referem os arts. 158 e 159, a destinação de recursos para as ações e serviços públicos de saúde, para manutenção e desenvolvimento do ensino e para realização de atividades da administração tributária, como determinado, respectivamente, pelos arts. 198, § 2º, 212 e 37, XXII, e a prestação de garantias às operações de crédito por antecipação de receita, previstas no art. 165, § 8º, bem como o disposto no § 4º deste artigo;
> [...]

Aliás, conquanto as hipóteses de incidência dessas novas exações descrevam atos ou fatos alheios a qualquer atividade estatal, elas não são capazes, por si só, de identificar a feição de um "imposto", tendo em vista a existência de explícita destinação constitucional do

---

130 TOMÉ, *op. cit.*, p. 115.

produto arrecadado, a qual se reporta à manutenção ou expansão da Seguridade Social. E, ademais, a destinação do produto da arrecadação do tributo consiste em fator emblemático das contribuições especiais, como profusamente atestado nos itens 1.1.2. e 2.2. deste trabalho.

3.3.1. Requisitos Necessários para a sua Instituição

Segundo o explanado previamente, a Carta Magna colaciona as fontes de financiamento direto da Seguridade Social. Todavia, o artigo 195, § 4°, do Texto Maior marca a viabilidade de serem elaboradas novas fontes de financiamento direto da Seguridade Social, garantidoras da manutenção e da expansão desse conjunto integrado de ações inerentes ao Poder Público e à sociedade. Porém, o dispositivo supratranscrito injunge a deferência ao prescrito no artigo 154, I, da Lei das Leis.

Desse modo, percebamos o que receita o alusivo mandamento:

> Art. 154. A União poderá instituir:
> I - mediante lei complementar, impostos não previstos no artigo anterior, desde que sejam não-cumulativos e não tenham fato gerador ou base de cálculo próprios dos discriminados nesta Constituição;
> [...]

Vislumbra-se, portanto, a necessidade de se observar a técnica de exercício da competência residual posta no artigo supracitado, para a instituição de outras fontes de custeio da Seguridade Social. Nessa seara, cabe cotejarmos as preciosas lições de Leandro Paulsen a respeito do assunto:

> Após acirrada discussão sobre o sentido da remissão feita pelo § 4° do art. 195 ao inciso I do art. 154 da CF, a matéria restou pacificada pelo Supremo Tribunal Federal que deixou claros os requisitos para a instituição das novas contribuições de seguridade social residuais: 1) exigência de lei complementar; 2) não-cumulatividade; 3) fato gerador e base de cálculo distintos das contribuições de seguridade já previstas no art. 195 (incisos I a IV)[131].

Assim sendo, compete-nos percorrer os requisitos necessários para a instituição de novas fontes de custeio da Seguridade Social.

3.3.1.1. Lei Complementar

Como é consabido, norma jurídica alguma ingressa no sistema do Direito Positivo "sem que seja introduzida por outra norma, que chamaremos, daqui avante, de *veículo*

---

[131] PAULSEN, *op. cit.*, p. 614.

introdutor de normas. Isso já nos autoriza a falar em *normas introduzidas* e *normas introdutoras*"[132].

Na lição de Paulo de Barros Carvalho:

> A lei e os estatutos normativos que têm vigor de lei são os únicos veículos credenciados a promover o ingresso de regras inaugurais no universo jurídico brasileiro, pelo que as designamos por "instrumentos primários". Todos os demais diplomas regradores da conduta humana, no Brasil, têm sua juridicidade condicionada às disposições legais, quer emanem preceitos gerais e abstratos, quer individuais e concretos. São, por isso mesmo, considerados "instrumentos secundários" ou "derivados", não apresentando, por si só, a força vinculante que é capaz de alterar as estruturas do mundo jurídico-positivo[133].

Assim, "não é difícil perceber que o sistema de normas, introdutoras e introduzidas, integra o que conhecemos por direito positivo"[134].

Porém, interessa-nos, no presente caso, averiguarmos, tão somente, os cognominados "instrumentos primários", visto que somente estes apresentam força vinculante capaz de alterar as estruturas do mundo jurídico-positivo.

Tais instrumentos estão elencados no artigo 59 da Lei Suprema de nosso Ordenamento Jurídico. São eles:

> Art. 59. O processo legislativo compreende a elaboração de:
> I - emendas à Constituição;
> II - leis complementares;
> III - leis ordinárias;
> IV - leis delegadas;
> V - medidas provisórias;
> VI - decretos legislativos;
> VII - resoluções.
> Parágrafo único. Lei complementar disporá sobre a elaboração, redação, alteração e consolidação das leis.

Na seara tributária, a lei ordinária é o instrumento por excelência da imposição tributária, mediante a qual deve processar-se a instituição ou a majoração dos gravames. Nesse sentido, como pondera Paulo de Barros Carvalho, "a lei ordinária é, inegavelmente, o item do processo legislativo mais apto a veicular preceitos relativos à regra-matriz dos tributos, assim no plano federal, que no estadual e no municipal"[135].

Por conseguinte, esse juízo aplica-se, plenamente, ao regime jurídico das contribuições destinadas ao custeio da Seguridade Social, relativamente àquelas inventariadas nos incisos do artigo 195 da Carta Política.

---

[132] CARVALHO, *op. cit.*, p. 392/393.
[133] *Idem.* **Curso de Direito Tributário**, p. 57.
[134] *Ibidem*, 48.
[135] *Ibidem*, p. 62.

Contudo, no que tange à fundação de contribuições residuais para a Seguridade Social, cabe observar os critérios tracejados no artigo 154, I, do Texto Político, conforme impele o artigo 195, § 4º, do mesmo diploma legal. Assim, infere-se que, para a inauguração de novas fontes de custeio da Seguridade Social, é indispensável que o veículo introdutor de novos encargos aos contribuintes seja uma lei complementar.

À vista disso, recorremos à preleção de Fabiana Del Padre Tomé para corroborar esse entendimento:

> A instituição ou majoração das contribuições para a seguridade social previstas no art. 149 e 195, I a III, da Carta Magna, portanto, prescindem de lei complementar, sendo a lei ordinária federal o veículo introdutor adequado para fazê-lo. Por outro lado, em se tratando da instituição de novas contribuições para a seguridade social, no âmbito da competência residual da União, necessária sua introdução no ordenamento jurídico por meio de lei complementar[136].

Por derradeiro, cumpre atentarmos ao quórum necessário para a aprovação de lei complementar. Reparemos:

> Art. 69. As leis complementares serão aprovadas por maioria absoluta.

3.3.1.2. Não-Cumulatividade

A "não-cumulatividade" traduz-se em um princípio constitucional tributário, e representa, por conseguinte, um verdadeiro limite objetivo, posto para se atingir a efetivação do Sistema Tributário Nacional. Nessa perspectiva, cabe considerarmos, preliminarmente, a noção de princípio, distinguindo-o como "valor" ou como "limite-objetivo", para, então, averiguarmos a escorreita feição da "não-cumulatividade". Para tanto, ofertamos à transcrição a doutrina de Paulo de Barros Carvalho:

> Resumidamente, os "limites objetivos" distinguem-se dos valores pois são postos para atingir certas metas, certos fins. Estes, sim, assumem o porte de valores. Aqueles limites não são valores, se os considerarmos em si mesmos, mas voltam-se para realizar valores de forma indireta, mediata.
> O princípio da não-cumulatividade dista de ser um valor. É um "limite objetivo", mas que se verte, mediatamente, à realização de certos valores, como o da justiça da tributação, o do respeito à capacidade contributiva do administrado, o da uniformidade na distribuição da carga tributária, etc[137].

Desse modo, o princípio da não-cumulatividade destina-se a sustar a sobreposição de encargos tributários, inibindo, em suma, a incidência reiterada de um mesmo gravame sobre montante que serviu, previamente, de base ao seu recolhimento em etapa anterior da cadeia econômica.

---

[136] TOMÉ, *op. cit.*, p. 118.
[137] CARVALHO. **Direito Tributário, Linguagem e Método**, p. 296/297.

Noutro giro verbal, a sistemática da não-cumulatividade impõe que o tributo incidente sobre o montante das operações anteriores seja compensado com o tributo incidente sobre o montante das operações posteriores de uma mesma cadeia produtiva, efetivando, deste modo, apenas a incidência daquilo que for pertinente a cada fase do ciclo econômico. Faz-se isto visando combater a chamada "tributação em cascata".

A respeito do tema, insta trazer à colação excerto de minucioso estudo empreendido por André Mendes Moreira:

> A não-cumulatividade pertence à seara do direito tributário, em que pese ser também objeto de estudo dos economistas. Sua função é atuar no cálculo do *quantum* devido às burras estatais pelo contribuinte. Trata-se de um mecanismo pelo qual se admitem abatimentos ou compensações no valor do tributo devido ou na sua base de cálculo – conforme se adotem, respectivamente, os métodos de apuração intitulados *tax on tax* (imposto-contra-imposto) ou *basis on basis* (base-contra-base). Com isso, busca-se gravar apenas a riqueza agregada pelo contribuinte ao bem ou serviço. Por essa razão, a não-cumulatividade admite, também, o método da adição (somam-se os dispêndios do contribuinte para a produção ou venda do bem ou serviço e tributa-se a medida exata da adição de valor ao objeto tributável)[138].

A Carta Magna reporta-se à não-cumulatividade em quatro ocasiões:

a) ao tratar do I.P.I. (art. 153, § 3º, II);

b) ao abordar a aludida competência residual da União para instituir impostos (art. 154, I);

c) ao cuidar do I.C.M.S. (art. 155, § 2º, I); e

d) ao preconizar a possibilidade de se definir setores da atividade econômica para os quais as contribuições incidentes sobre a receita ou o faturamento e sobre a importação serão não-cumulativas (art. 195, § 12).

Interessa-nos, todavia, somente a referência à não-cumulatividade apregoada no artigo 154, I, do Texto Maior, no tocante ao exercício da competência residual pela União. Nesse sentido, André Mendes Moreira deslinda a índole da não-cumulatividade inerente aos impostos e contribuições residuais:

> Apesar de a Constituição dispor que os mesmos serão obrigatoriamente não-cumulativos, se e quando instituídos pelo legislador complementar federal, temos que tal determinação deve ser compreendida *cum grano salis*. Isso porque a não-cumulatividade somente faz sentido – para fins de exercício da competência residual – quando compreendida em seu sentido clássico. É dizer: caso não se trate de um mecanismo proporcionador de neutralidade na

---

[138] MOREIRA, André Mendes. **Não-Cumulatividade Tributária na Constituição e nas Leis (IPI, ICMS, PIS/COFINS, Impostos e Contribuições Residuais)**. Tese de Doutorado em Direito Econômico e Financeiro (Orientador: Paulo de Barros Carvalho). São Paulo: Faculdade de Direito da USP, 2009, p. 60/61. Disponível em: http://www.teses.usp.br/teses/disponiveis/2/2133/tde-27012011-135439/pt-br.php. Acesso em: 16 de novembro de 2017.

tributação, a não-cumulatividade se torna uma mera fórmula de cálculo do tributo devido, sem maior relevância do ponto de vista jurídico.

Nessa toada, temos que os tributos residuais (impostos e contribuições) somente deverão ser não-cumulativos quando incidirem sobre o consumo. Assim, é apenas para os impostos residuais plurifásicos que se dirige o comando do art. 154, I da Constituição. Se criado, *verbi gratia*, um imposto residual sobre a propriedade de embarcações e aeronaves (que refogem ao espectro de incidência do IPVA), seria possível fazê-lo não-cumulativo? Decerto que não. Imposto sobre o patrimônio são monofásicos por natureza, impedindo, por tal razão, sua coexistência com a não-cumulatividade clássica. Nesta hipótese, por impossibilidade lógica, a exação não poderia ser considerada inválida por ter ausente a nota da não-cumulatividade.

Portanto, a não-cumulatividade enquanto requisito de validade do imposto ou contribuição residual é aquela *stricto sensu*, incidente sobre impostos plurifásicos indiretos. Se o critério material da exação não abarcar a incidência sobre operações de circulação de bens e serviços, então resta dispensada a observação do comando normativo[139].

Diante do exposto, conclui-se que os tributos residuais (impostos e contribuições residuais) somente deverão ser não-cumulativos quando gravarem a circulação de riquezas, posto que impostos sobre o patrimônio, em referência ao exemplo utilizado pelo autor, são monofásicos por natureza, "ao passo que a não-cumulatividade exige duas operações concatenadas e sucessivas para que, na segunda, abata-se o montante cobrado na primeira"[140].

Com isso, as contribuições residuais somente serão não-cumulativas quando possuírem ciclo de incidência plurifásico. Inclusive, o Supremo Tribunal Federal já se posicionou nesse sentido, quando do julgamento do R.E. 258.470/R.S.[141], no qual se estabeleceu a desnecessidade de observância ao requisito da não-cumulatividade perante contribuição residual cujo ciclo de incidência é monofásico.

Urge salientar, ainda, que a aplicação da não-cumulatividade às exações que não tributam operações envolvendo bens ou serviços "consiste em mera fórmula de cálculo do tributo a pagar, na qual são deduzidos créditos dos débitos eventualmente apurados"[142].

Desse modo, a exigência de as novas fontes de custeio da Seguridade Social possuírem caráter não-cumulativo, constante do artigo 154, I, cumulado com o artigo 195, § 4º, ambos da Carta Federal, concerne à não-cumulatividade *stricto sensu*, e não ao método de mensuração do *quantum debeatur* cabível às contribuições sobre a receita ou o faturamento.

Ademais, o princípio da não-cumulatividade dos tributos residuais não se contrapõe à cumulação de dois tributos distintos (um imposto e uma contribuição) já previstos no Texto Maior, incidentes sobre um mesmo fato imponível.

---

[139] MOREIRA, *op. cit.*, p. 99/100.
[140] *Ibidem*, p. 218.
[141] *Cf.* Supremo Tribunal Federal, Primeira Turma, R.E. n.º 258.470/R.S., Relator Ministro Moreira Alves, D.J. 12/05/2000.
[142] MOREIRA, *op. cit.*, p. 220.

Por fim, insta mencionar que a não-cumulatividade não se constitui em cláusula pétrea, pois o Supremo Tribunal Federal não a reputa como uma garantia fundamental dos contribuintes, conforme elucida Leandro Paulsen:

> A não-cumulatividade não chega a ter o "status" de cláusula pétrea, conforme restou reconhecido quando do julgamento, pelo STF, da ADIn 939, eis que não constitui direito fundamental das pessoas enquanto contribuintes. Na oportunidade, não obstante a técnica de competência residual da União para a criação de novos impostos também exija a observância da não-cumulatividade, o STF entendeu que tal só vinculava o legislador ordinário, mas não o constituinte derivado, de maneira que nada impedia que a EC 03/93 tivesse autorizado a instituição de imposto cumulativo: IPMF[143].

E, mais adiante, o referido autor aduz à contribuição provisória sobre movimentação financeira – C.P.M.F., corroborando o argumento acima exposto:

> A CPMF implica incidência cumulativa e só é válida porque recebeu autorização constitucional específica, forte nas sucessivas emendas constitucionais que deram suporte à sua instituição e prorrogação, conforme se vê dos arts. 75 e seguintes do ADCT. Não era viável instituí-la no exercício da competência residual outorgada pelo art. 195, § 4º, da CF, eis que não superaria o requisito da não-cumulatividade, aplicável em face da remissão ao art. 154, I, da CF[144].

Em síntese, o artigo 154, I, da Constituição da República, ao definir como requisito necessário à instituição de contribuições residuais a não-cumulatividade (conforme remissão do artigo 195, § 4º, da Lei Maior), "está aludindo à não incidência de um mesmo tributo mais de uma vez sobre o mesmo valor que já serviu de base à sua cobrança em fase anterior do processo econômico"[145].

Sendo assim, as novas fontes de custeio da Seguridade Social, ao incidirem sobre bases econômicas distintas daquelas enumeradas no artigo 195 da Carta Cidadã, deverão ser não-cumulativas, nos exatos termos preceituados pela Lei Suprema à tributação pelo I.P.I. e I.C.M.S.

3.3.1.3. Não tenham Fato Gerador ou Base de Cálculo próprios dos Discriminados na Constituição Federal

Vimos, superficialmente, no item 1.3. que, ao efetuar a repartição das competências legislativas tributárias, o legislador constituinte agiu de maneira meticulosa e acurada, correlacionando, em regra, a materialidade de cada um dos tributos, cuja instituição pertence aos entes federativos. Por esse ângulo, visando evitar que o estabelecimento desse

---

[143] PAULSEN, *op. cit.*, p. 357.
[144] *Ibidem*, p. 615.
[145] TOMÉ, *op. cit.*, p. 120.

rigoroso regímen se tornasse inútil, o legislador constituinte estipulou, ainda, como requisito necessário ao exercício da competência residual pela União, que a nova exação fiscal (independentemente de se tratar de imposto ou contribuição para a Seguridade Social) não possua hipótese de incidência ou base de cálculo daquelas exações expressamente previstas na Carta Maior.

Assim, ao inaugurar-se nova fonte de financiamento direto da Seguridade Social, o legislador federal não poderá deliberar de modo a desprezar a repartição constitucional de competência tributária. Por outro giro, essa condicionante intenta sustar, para além da usurpação de competências, compulsando a reverência ao plano de incidência reservado aos Estados e Municípios, a pluralidade de incidências tributárias sobre um mesmo fato gerador, por meio da coibição de *bis in idem*, bem como da vedação de cumulatividade.

Portanto, o Texto Maior somente permite a instituição de contribuições residuais cujos fatos geradores e bases de cálculo sejam discrepantes daqueles já intencionadamente prestigiados em seu teor.

Contudo, relativamente ao pleito do *bis in idem* e da bitributação nos impostos e nas contribuições para a Seguridade Social, incumbe fazer ecoar o magistério de Leandro Paulsen, ao cuidar, pormenorizadamente, da questão pautada:

> A Constituição Federal de 1988 vedou expressamente a bitributação e o *bis in idem* relativamente aos impostos, ao estabelecer competências tributárias a princípio privativas em favor de cada ente político e determinar que eventual exercício da competência residual pela União se desse mediante fato gerador e base de cálculo distintos dos atinentes às bases econômicas já previstas no texto constitucional (art. 154, I). Tal vedação, pois, diz respeito ao impostos entre si, excepcionados, apenas, por expressa autorização constitucional, os impostos extraordinários de guerra (art. 154, II). A reserva de bases econômicas em caráter privativo só passível de ser excepcionada pelo imposto extraordinário de guerra, diz respeito, ressalto, exclusivamente, à competência para a instituição de impostos. A Constituição vedou, igualmente, o *bis in idem* relativamente às contribuições de seguridade social, ao eleger bases econômicas e determinar que o exercício da competência residual se conforme à mesma sistemática da competência residual atinente aos impostos. Enquanto, para os impostos, os novos não podem repetir os já previstos constitucionalmente, para as contribuições de seguridade, as novas não podem repetir as contribuições de seguridade já previstas constitucionalmente (art. 195, I, II e III), o que se extrai da remissão feita pelo art. 195, § 4º, ao art. 154, I, conforme, aliás, restou esclarecido pelo STF, dentre outros, no RE 228.321 e no RE 146.733. Há, pois, uma simetria entre o exercício da competência residual atinente à instituição de impostos e o exercício da competência residual atinente à instituição de contribuições de seguridade social[146].

---

[146] PAULSEN, *op. cit.*, p. 616.

A par disso, cabe ressaltar, entretanto, que inexiste vedação à instituição de contribuição para a Seguridade Social sobre fato gerador e com base econômica próprios de impostos catalogados na Lei Maior. Desse modo, não se acha impedimento, pois, a que se perdure *bis in idem* ou, até mesmo, bitributação através de contribuição para a Seguridade Social em relação aos impostos já instituídos ou que venham a ser fundados; tampouco há vedação ao *bis in idem* relativamente à instauração de contribuições para a Seguridade Social sobre hipóteses de incidência ou bases de cálculo pertinentes às contribuições sociais gerais, de intervenção no domínio econômico e de interesse das categorias profissionais ou econômicas.

Todavia, não podemos aquiescer à instituição de viçosa contribuição residual que replique uma daquelas materialidades arroladas no artigo 195 da Carta Política, muito menos se deve conjurar a tese de que a trivial reincidência da materialidade de um tributo preexistente afigura adicional ao mesmo e que, assim, seria, teoricamente, admissível, posto que absolutamente não o é.

Porém, a vedação ao *bis in idem* acima esgrimido não se aplica aos tributos expressamente recepcionados pela Carta Magna. Nesse diapasão, o Pretório Excelso[147] rejeitou a tese de ofensa ao artigo 154, I, cumulado com o artigo 195, § 4º, ambos da Lei Maior, quando foi posta a julgamento a alegação de identidade entre os fatos geradores da contribuição para o Programa de Integração Social e para o Patrimônio do Servidor Público – P.I.S./P.A.S.E.P. e da Contribuição para o Financiamento da Seguridade Social – C.O.F.I.N.S., uma vez que a contribuição atinente ao P.I.S./P.A.S.E.P. encontra-se autorizada expressamente pela Carta Federal, à luz do artigo 239, *caput*, do Texto Supremo. Averiguemos:

> Art. 239. A arrecadação decorrente das contribuições para o Programa de Integração Social, criado pela Lei Complementar nº 7, de 7 de setembro de 1970, e para o Programa de Formação do Patrimônio do Servidor Público, criado pela Lei Complementar nº 8, de 3 de dezembro de 1970, passa, a partir da promulgação desta Constituição, a financiar, nos termos que a lei dispuser, o programa do seguro-desemprego e o abono de que trata o § 3º deste artigo. [...]

Do mesmo modo, o artigo 240 da Carta Maior institui ressalva ao disposto no artigo 195 da Bíblia Política relativamente às contribuições dos empregadores sobre a folha de salários, destinadas às entidades privadas de serviço social vinculadas ao sistema sindical. Notemos:

---

[147] *Cf.* Supremo Tribunal Federal, ADIn. n.º 1.417-D.F., relator Ministro Octávio Gallotti, 02/08/1999, Informativo n.º 156.

Art. 240. Ficam ressalvadas do disposto no art. 195 as atuais contribuições compulsórias dos empregadores sobre a folha de salários, destinadas às entidades privadas de serviço social e de formação profissional vinculadas ao sistema sindical.

3.4. Contribuição para o Custeio do Regime Previdenciário dos Servidores Públicos Estaduais, Distritais e Municipais

Aos servidores públicos de quaisquer esferas é assegurado regime próprio de Previdência Social de caráter contributivo e, também, solidário, dado que são conclamados a contribuir os entes públicos, os servidores ativos e inativos e, ainda, os pensionistas.

Notemos o dispositivo constitucional que respalda essa tese:

Art. 40. Aos servidores titulares de cargos efetivos da União, dos Estados, do Distrito Federal e dos Municípios, incluídas suas autarquias e fundações, é assegurado regime de previdência de caráter contributivo e solidário, mediante contribuição do respectivo ente público, dos servidores ativos e inativos e dos pensionistas, observados critérios que preservem o equilíbrio financeiro e atuarial e o disposto neste artigo.

Assim, incumbe perpassarmos pela competência da União para a instituição de contribuição social destinada ao custeio do regime próprio de Previdência Social de seus servidores, possuindo, para tanto, três suportes constitucionais. Nessa sequência, urge trazer a lume os apontamentos alusivos ao tema despendidos por Leandro Paulsen e Andrei Pitten Velloso:

O primeiro é o próprio art. 149 da Constituição, que outorga à União competência para instituir contribuições sociais como instrumento da sua atuação nessa área. A previdência social é um dos ramos da seguridade social, na abrangente esfera da ordem social.

Entendêssemos que o art. 195, ao disciplinar a seguridade social, inclusive a previdência, estaria cuidando apenas do regime geral de previdência, poderia a contribuição do servidor ser instituída com suporte direto no art. 149 da Constituição, tão somente.

Mas o art. 195, II, da CF – que na sua redação original previa a contribuição do trabalhador, e, agora, prevê a contribuição do trabalhador e demais segurados – já foi invocado pelo Supremo Tribunal Federal quando da análise de Medida Provisória que cuidou da contribuição dos servidores federais[148]. Disse o STF, na oportunidade, que as contribuições já previstas nos incisos do artigo 195 podiam ser instituídas por lei ordinária, dentre elas a do servidor público, considerada como abrangida pela alínea II[149].

A par disso, galgaremos a análise da competência para a instituição de contribuições previdenciárias pelos Estados, Distrito Federal e Municípios, visando a mantença de regime próprio de Previdência Social de seus respectivos servidores públicos.

---

[148] *Cf.* Supremo Tribunal Federal, 1ª Turma, REx. n.º 221.731-8, relator Ministro Moreira Alves, novembro de 1999, D.J.U. n.º 35-E de 18.02.2000.
[149] PAULSEN; VELLOSO, *op. cit.*, p. 189.

Posto isso, insta mencionar que o artigo 149, § 1º, da Carta Política embasa a instituição de tais contribuições pelos entes políticos supraditos, e, não obstante, outorga, expressamente, competência para a instituição, apenas e tão somente, de contribuição para o custeio do regime previdenciário de seus servidores. Observemos:

> Art. 149. Compete exclusivamente à União instituir contribuições sociais, de intervenção no domínio econômico e de interesse das categorias profissionais ou econômicas, como instrumento de sua atuação nas respectivas áreas, observado o disposto nos arts. 146, III, e 150, I e III, e sem prejuízo do previsto no art. 195, § 6º, relativamente às contribuições a que alude o dispositivo.
> § 1º Os Estados, o Distrito Federal e os Municípios instituirão contribuição, cobrada de seus servidores, para o custeio, em benefício destes, do regime previdenciário de que trata o art. 40, cuja alíquota não será inferior à da contribuição dos servidores titulares de cargos efetivos da União.

Haja vista a axiomática distinção, existente no Texto Maior, entre Saúde, Previdência Social e Assistência Social, infere-se que a competência outorgada aos Estados, Distrito Federal e Municípios está restrita à instituição de contribuição para o custeamento do regime previdenciário de seus servidores, não abrangendo, por conseguinte, o financiamento de serviços de Saúde ou ações na área de Assistência Social, mesmo se dispensadas em proveito de seus servidores.

Saliente-se, ainda, que os regimes previdenciários próprios dos servidores públicos estaduais, distritais e municipais remanescem circunscritos pelo regime previdenciário dos servidores federais, não se tolerando a previsão de alíquota num patamar inferior à da contribuição dos servidores titulares de cargos efetivos da União.

Todavia, não cabe impor a aplicação súbita da legislação federal aos servidores públicos estaduais, distritais e municipais, posto que a remissão existente no § 1º, do artigo 149, do Texto Maior refere-se ao porvir, prescrevendo que os Estados, Distrito Federal e Municípios instituirão, evidentemente mediante lei própria, contribuição previdenciária, submetida ao princípio da anterioridade *nonagesimal* (artigo 195, § 6º, do Diploma Maior), cuja alíquota não será inferior à da contribuição dos servidores públicos federais.

Além disso, a contribuição sob comento submete-se, obviamente, ao princípio da anterioridade mitigada entalhado no artigo 195, § 6º, da Constituição da República.

Logo, em virtude de o sistema previdenciário ser caracterizado por um esquema de custeamento e beneficiamento, torna-se inviável sustentar que o servidor público, mesmo sem contribuir para o seu regime próprio de Previdência Social, estaria amparado por ele nesse interstício. Desse modo, o regime próprio de Previdência Social só passará a viger 90 (noventa) dias após a sua instituição, quando, então, poderá ser custeado pelos seus beneficiários. Antes disso, todavia, os servidores públicos ainda estarão sujeitos ao Regime Geral de Previdência Social, sendo, portanto, devida a contribuição ao I.N.S.S.

Nesse sentido, Leandro Paulsen deslinda, com primor, a temática elencada:

> A União, os Estados, o Distrito Federal e os Municípios podem instituir regimes próprios de previdência social, observados os requisitos atuariais mínimos estabelecidos na Lei 9.717/98, objeto de nota própria abaixo. Sempre que inexistir regime próprio de previdência, estarão vinculados, necessariamente, ao Regime Geral de Previdência Social, de maneira que tanto o ente político como seus servidores terão de contribuir mediante o pagamento das contribuições patronal e do empregado ao INSS[150].

Vislumbra-se, portanto, que, a partir da criação do regime próprio de Previdência dos servidores públicos estaduais, distritais ou municipais, as contribuições sociais serão devidas ao respectivo ente político, e não mais ao Instituto Nacional do Seguro Social – I.N.S.S. com o fito de se custear o Regime Geral de Previdência Social.

Ademais, impende salientar que a instituição de regime próprio de Previdência Social, de caráter contributivo, pelos entes políticos somente se efetiva a partir da instituição de suas respectivas fontes de custeio, por força do artigo 195, § 5º, da Carta Magna.

O supracitado dispositivo exige lei instauradora dos benefícios sociais e das suas respectivas fontes de custeio. Dantes, têm-se a vinculação dos respectivos servidores públicos ao Regime Geral de Previdência Social, instituído, como é notório, pela Lei n.º 8.212/1991, arrimado em seu artigo 13.

Isto, porém, não viola a autonomia de cada um dos entes públicos, uma vez que eles possuem a faculdade de instituir regime previdenciário próprio para os seus servidores. E, assim não procedendo, seus servidores mantêm-se vinculados ao Regime Geral de Previdência Social, em virtude de a instituição e a manutenção deste regime ser imperativo constitucional e, também, um direito social. Nessa lógica, consideremos os ditames dos artigos 6º e 201, ambos da Carta Maior:

> Art. 6º São **direitos sociais** a educação, a saúde, a alimentação, o trabalho, a moradia, o transporte, o lazer, a segurança, a **previdência social**, a proteção à maternidade e à infância, a assistência aos desamparados, na forma desta Constituição. (grifos nossos)
> Art. 201. A previdência social será organizada sob a forma de regime geral, de caráter contributivo e de filiação obrigatória, observados critérios que preservem o equilíbrio financeiro e atuarial, e atenderá, nos termos da lei, a: [...]

No entanto, cabe ressaltar que a criação de um regime próprio de Previdência Social não pode retroagir para atingir fatos geradores decorridos, com o intento de desobrigar o ente político do recolhimento das contribuições previdenciárias ora levado a cabo.

---

[150] PAULSEN, *op. cit.*, p. 178.

Por fim, ao instituir regime próprio de Previdência Social, a União, os Estados, o Distrito Federal e os Municípios devem observar critérios que preservem o equilíbrio financeiro e atuarial, em consonância com o disposto no artigo 40, *caput*, *in fine*, da Carta Federal.

3.5.   Contribuição Provisória sobre Movimentação ou Transmissão de Valores e de Créditos e Direitos de Natureza Financeira

A Contribuição Provisória sobre Movimentação ou Transmissão de Valores e de Créditos e Direitos de Natureza Financeira – C.P.M.F. foi instituída em substituição ao Imposto Provisório sobre a Movimentação ou a Transmissão de Valores e de Créditos e Direitos de Natureza Financeira – I.P.M.F., ambos com suportes em competências temporárias outorgadas através de Emendas Constitucionais, respectivamente, E.C. n.º 12/1996 e E.C. n.º 03/1993.

Observemos o disposto no artigo 74 do Ato das Disposições Constitucionais Transitórias – A.D.C.T.:

> Art. 74. A União poderá instituir contribuição provisória sobre movimentação ou transmissão de valores e de créditos e direitos de natureza financeira.
> § 1º A alíquota da contribuição de que trata este artigo não excederá a vinte e cinco centésimos por cento, facultado ao Poder Executivo reduzi-la ou restabelecê-la, total ou parcialmente, nas condições e limites fixados em lei.
> § 2º A contribuição de que trata este artigo não se aplica o disposto nos arts. 153, § 5º, e 154, I, da Constituição.
> § 3º O produto da arrecadação da contribuição de que trata este artigo será destinado integralmente ao Fundo Nacional de Saúde, para financiamento das ações e serviços de saúde.
> § 4º A contribuição de que trata este artigo terá sua exigibilidade subordinada ao disposto no art. 195, § 6º, da Constituição, e não poderá ser cobrada por prazo superior a dois anos.

A base de cálculo da contribuição em exame possui maior abrangência do que aquela relativa ao Imposto sobre Operações de Crédito – I.O.F./Crédito (com suporte constitucional no art. 153, V, do Texto Supremo). O artigo 74 do A.D.C.T., ao referir-se à movimentação ou transmissão de valores e de créditos e direitos de natureza financeira, viabiliza a incidência do tributo sobre quaisquer movimentações, a qualquer título, independentemente de tratar-se de lançamentos a crédito ou a débito, como, por exemplo, os usuais saques em conta corrente e, inclusive, entre contas de um mesmo titular, porquanto o aludido dispositivo refere-se não apenas à transmissão, mas, do mesmo modo, às corriqueiras movimentações.

Cumpre ressaltar, ainda no tocante ao aspecto quantitativo dessa exação, que subsiste, desde o advento da E.C. n.º 12/1996, a faculdade, concedida ao Poder Executivo, para reduzir ou restabelecer, total ou parcialmente, a alíquota desse gravame, nas condições e limites fixados em lei.

Nesse sentido, notemos o que dispõe o artigo 75 do A.D.C.T., especificamente em seu § 1º:

> Art. 75. É prorrogada, por trinta e seis meses, a cobrança da contribuição provisória sobre movimentação ou transmissão de valores e de créditos e direitos de natureza financeira de que trata o art. 74, instituída pela Lei nº 9.311, de 24 de outubro de 1996, modificada pela Lei nº 9.539, de 12 de dezembro de 1997, cuja vigência é também prorrogada por idêntico prazo.
> **§ 1º Observado o disposto no § 6º do art. 195 da Constituição Federal, a alíquota da contribuição será de trinta e oito centésimos por cento, nos primeiros doze meses, e de trinta centésimos, nos meses subsequentes, facultado ao Poder Executivo reduzi-la total ou parcialmente, nos limites aqui definidos. (grifos nossos)**
> § 2º O resultado do aumento da arrecadação, decorrente da alteração da alíquota, nos exercícios financeiros de 1999, 2000 e 2001, será destinado ao custeio da previdência social.
> § 3º É a União autorizada a emitir títulos da dívida pública interna, cujos recursos serão destinados ao custeio da saúde e da previdência social, em montante equivalente ao produto da arrecadação da contribuição, prevista e não realizada em 1999.

Além disso, a alíquota da C.P.M.F. encontra-se restringida constitucionalmente. Na ocasião de seu surgimento, estabeleceu-se a alíquota de vinte e cinco centésimos por cento (0,25%), nos termos do § 1º, do artigo 74, do A.D.C.T. Entretanto, com o advento das inúmeras prorrogações dispendidas em favor deste gravame, decorreram aumentos de alíquota e adicional. Acarretando, por conseguinte, em um aumento provisório da alíquota, atingindo o patamar de trinta e oito centésimos por cento (0,38%) e, posteriormente, uma redução para o nível de trinta centésimos por cento (0,30%), conforme se nota pelo disposto no § 1º, do artigo 75, do A.D.C.T.

Contudo, em decorrência da criação do Fundo de Combate e Erradicação da Pobreza, foi criado um adicional de oito centésimos por cento (0,08%), o qual acabou sendo incorporado à alíquota da contribuição provisória. Com efeito, até 2007, a alíquota da tocante exação perdurou em trinta e oito centésimos por cento (0,38%), à luz do § 2º, do artigo 90, do A.D.C.T.

Vejamos os dispositivos pertinentes ao tema:

> Art. 80. Compõem o Fundo de Combate e Erradicação da Pobreza:
> **I - a parcela do produto da arrecadação correspondente a um adicional de oito centésimos por cento, aplicável de 18 de junho de 2000 a 17 de junho de 2002, na alíquota da contribuição social de que trata o art. 75 do Ato das Disposições Constitucionais Transitórias; (grifos nossos)**

[...]

§ 2º A arrecadação decorrente do disposto no inciso I deste artigo, no período compreendido entre 18 de junho de 2000 e o início da vigência da lei complementar a que se refere a art. 79, será integralmente repassada ao Fundo, preservado o seu valor real, em títulos públicos federais, progressivamente resgatáveis após 18 de junho de 2002, na forma da lei.

Art. 90. O prazo previsto no *caput* do art. 84 deste Ato das Disposições Constitucionais Transitórias fica prorrogado até 31 de dezembro de 2007.

§ 1º Fica prorrogada, até a data referida no *caput* deste artigo, a vigência da Lei nº 9.311, de 24 de outubro de 1996, e suas alterações.

§ 2º Até a data referida no *caput* deste artigo, a alíquota da contribuição de que trata o art. 84 deste Ato das Disposições Constitucionais Transitórias será de trinta e oito centésimos por cento. (grifos nossos)

Nota-se, pelo estabelecido no artigo 74 do A.D.C.T., que o legislador constituinte derivado autorizou a União, por intermédio da E.C. n.º 12/1996, a instituir a citada contribuição com o fito de se patrocinar ações e serviços inerentes à Saúde Pública. Não obstante, com as consecutivas alterações constitucionais advindas, houve a destinação da arrecadação dessa contribuição ao custeio da Previdência Social (art. 75, § 2º, do A.D.C.T.) e, uma parcela do produto arrecadado, ao Combate e à Erradicação da Pobreza (art. 80, I, do A.D.C.T.). Tais destinações constitucionais perduraram até 31 de dezembro de 2007, quando a vigência da aludida contribuição foi levada a cabo, persistindo, inclusive, a prefixação do percentual da arrecadação pertencente a cada área, nos termos do artigo 84 do A.D.C.T.

Observe o preceito suprarreferido:

Art. 84. A contribuição provisória sobre movimentação ou transmissão de valores e de créditos e direitos de natureza financeira, prevista nos arts. 74, 75 e 80, I, deste Ato das Disposições Constitucionais Transitórias, será cobrada até 31 de dezembro de 2004.

§ 1º Fica prorrogada até a data referida no *caput* deste artigo, a vigência da Lei nº 9.311, de 24 de outubro de 1996, e suas alterações.

§ 2º Do produto da arrecadação da contribuição social de que trata este artigo será destinada a parcela correspondente à alíquota de:

I - vinte centésimos por cento ao Fundo Nacional de Saúde, para financiamento das ações e serviços de saúde;

II - dez centésimos por cento ao custeio da previdência social;

III - oito centésimos por cento ao Fundo de Combate e Erradicação da Pobreza, de que tratam os arts. 80 e 81 deste Ato das Disposições Constitucionais Transitórias. (grifos nossos)

§ 3º A alíquota da contribuição de que trata este artigo será de:

I - trinta e oito centésimos por cento, nos exercícios financeiros de 2002 e 2003;

II - Revogado.

Infere-se, assim, que a contribuição em estudo, mesmo possuindo vigência temporária, qualifica-se como uma contribuição social destinada ao custeio da Seguridade Social. Deve tal exação, portanto, observar o regime jurídico das contribuições destinadas ao financiamento da Seguridade Social.

A par disso, o gravame sob análise deve submeter-se ao princípio da anterioridade *nonagesimal*, conforme, aliás, dispõem os artigos 74, § 4º, e 75, § 1º, ambos do A.D.C.T. Malgrado a garantia externada no altiplano constitucional, o Pretório Excelso decidiu que a anterioridade de que trata o § 6º, do artigo 195, do Texto Supremo não condiciona a prorrogação da C.P.M.F.[151].

Neste ponto, anuímos ao posicionamento de Leandro Paulsen, ao denotar a imprescindibilidade da observação da anterioridade *nonagesimal*, independentemente do nome atribuído à inovação tributária, relativamente às contribuições para a Seguridade Social:

> Relativamente à necessidade de observância da anterioridade nonagesimal, entendemos que, como limitação constitucional ao poder de tributar que se presta a dar segurança jurídica ao contribuinte, não admite seja este surpreendido com nova exigência tributária sem que seja observado o interstício de noventa dias, não importando a que título se dê: novo tributo, prorrogação ou simples alíquota majorada. Em havendo inovação legislativa de qualquer nível, mesmo constitucional, que imponha a exigência de contribuição de seguridade social que, de outra forma, não poderia ser exigida, verifica-se inovação tributária sujeita necessariamente à anterioridade nonagesimal do art. 195, § 6º, da Constituição, protegida de forma absoluta pelo art. 60, § 4º, IV, da Constituição, que cuida das cláusulas pétreas[152].

Como é cediço, a C.P.M.F. possui caráter temporário, estando tal característica, evidentemente, estabelecida nas respectivas normas de competência. Desde o seu surgimento, por meio da E.C. n.º 12/1996, foi prevista a sua cobrança por prazo não superior a dois anos (art. 74, § 4º, do A.D.C.T.). Contudo, posteriormente, sobrevieram sucessivas prorrogações neste prazo, todas, por óbvio, através de Emendas Constitucionais.

Inicialmente, a E.C. n.º 21/1999 acrescentou o artigo 75 ao A.D.C.T., prorrogando por trinta e seis meses a cobrança do gravame. Por sua vez, a E.C. n.º 37/2002, ao adicionar o artigo 84 ao A.D.C.T., prorrogou até 31 de dezembro de 2004 a coleta desse tributo. E, por derradeiro, a E.C. n.º 42/2003 prorrogou o seu recolhimento até 31 de dezembro de 2007, ao acrescer o artigo 90 ao A.D.C.T.

Ademais, a E.C. n.º 37/2002 limitou o campo de incidência dessa exação, ao arrolar os lançamentos que não sofrem incidência de contribuição provisória. Averiguemos:

> Art. 85. A contribuição a que se refere o art. 84 deste Ato das Disposições Constitucionais Transitórias não incidirá, a partir do trigésimo dia da data de publicação desta Emenda Constitucional, nos lançamentos:
> I - em contas correntes de depósito especialmente abertas e exclusivamente utilizadas para operações de:

---

[151] *Cf.* Supremo Tribunal Federal, Plenário, ADIn. n.º 2.666/D.F., relatora Ministra Ellen Gracie, Informativo n.º 293, dezembro de 2002.
[152] PAULSEN, *op. cit.*, p. 684-685.

a) câmaras e prestadoras de serviços de compensação e de liquidação de que trata o parágrafo único do art. 2º da Lei nº 10.214, de 27 de março de 2001;
b) companhias securitizadoras de que trata a Lei nº 9.514, de 20 de novembro de 1997;
c) sociedades anônimas que tenham por objeto exclusivo a aquisição de créditos oriundos de operações praticadas no mercado financeiro;
II - em contas correntes de depósito, relativos a:
a) operações de compra e venda de ações, realizadas em recintos ou sistemas de negociação de bolsas de valores e no mercado de balcão organizado;
b) contratos referenciados em ações ou índices de ações, em suas diversas modalidades, negociados em bolsas de valores, de mercadorias e de futuros;
III - em contas de investidores estrangeiros, relativos a entradas no País e a remessas para o exterior de recursos financeiros empregados, exclusivamente, em operações e contratos referidos no inciso II deste artigo.
§ 1º O Poder Executivo disciplinará o disposto neste artigo no prazo de trinta dias da data de publicação desta Emenda Constitucional.
§ 2º O disposto no inciso I deste artigo aplica-se somente às operações relacionadas em ato do Poder Executivo, dentre aquelas que constituam o objeto social das referidas entidades.
§ 3º O disposto no inciso II deste artigo aplica-se somente a operações e contratos efetuados por intermédio de instituições financeiras, sociedades corretoras de títulos e valores mobiliários, sociedades distribuidoras de títulos e valores mobiliários e sociedades corretoras de mercadorias.

Cabe ressaltar, por fim, que a tributação incidente sobre "movimentação ou transmissão de valores e de créditos e direitos de natureza financeira" apresenta feição cumulativa, verificando-se a incidência do gravame a cada operação e, com isso, acarretando na dilatação da tributação sobre os mesmos valores, de maneira que a instituição de contribuição provisória no exercício da competência residual da União, com fulcro no artigo 195, § 4º, da Carta Política, restaria inválida, por não acolher o requisito da não-cumulatividade, insculpido no artigo 154, I, da Lei Maior, aplicável às contribuições residuais.

Daí decorre a necessidade de Emenda Constitucional criar a nova norma de competência, "o que permitiu a instituição da chamada CPMF (Contribuição Provisória sobre Movimentação Financeira) como contribuição temporária constitucionalmente prevista, não submetida aos requisitos de exercício da competência residual"[153].

Com efeito, em virtude da especificidade enraizada na norma de competência desse gravame, torna-se desnecessária a instituição desse tributo por intermédio de lei complementar, nem sequer a sua reverência ao requisito da não-cumulatividade.

Portanto, a lei ordinária transfigura-se no instrumento cabível para dispor, validamente, sobre tal exação.

---

[153] PAULSEN, *op. cit.*, p. 682.

A propósito, a própria E.C. n.º 12/1996 exprimiu tal ideia, ao estabelecer, no § 2º, do artigo 74, do A.D.C.T., a não aplicação do disposto no artigo 154, I, da Lei Suprema.

Revela-se, assim, a desnecessidade de observância da técnica de competência residual para a instituição da C.P.M.F., porquanto esta técnica não simboliza uma cláusula pétrea, não havendo, portanto, impedimento a que Emenda Constitucional submetesse à tributação nova base econômica, prescindindo de atenção aos requisitos necessários para o exercício da competência residual.

CONSIDERAÇÕES FINAIS

A partir desse acurado e meticuloso estudo, concluímos, com suporte nas normas jurídicas constitucionais referentes às contribuições destinadas ao custeio da Seguridade Social, que a norma jurídica tributária deve respeitar os desígnios constitucionais e, portanto, a sua materialidade deve ser aquela prevista constitucionalmente, visto que o legislador constituinte disciplinou minuciosamente as competências tributárias na Carta Magna de 1988.

Nesse seguimento, constatamos que a classificação jurídica dos tributos deve encontrar nas normas constitucionais que atribuem competência tributária o seu ponto de partida, pois elas determinam os requisitos necessários para a instituição desses tributos, delimitando, por conseguinte, o regime jurídico tributário aplicável a cada espécie tributária.

Não obstante, verificamos que há grande divergência na doutrina acerca da classificação jurídica dos tributos. A par disso, julgamos relevantes, juridicamente, como critérios de classificação, a *restituibilidade* e o destino do produto arrecadado. Desse modo, identificamos cinco espécies de tributos no Ordenamento Jurídico pátrio: os impostos, as taxas, a contribuição de melhoria, o empréstimo compulsório e as contribuições especiais.

Reparamos que o conjunto de normas constitucionais que tratam de matéria tributária pode ser denominado de Sistema Constitucional Tributário, o qual se caracteriza pela sua rigidez e complexidade. Notamos, então, que não cabe à Constituição Federal a criação de tributos, mas, apenas e tão somente, a outorga de competência impositiva tributária. Essa, por sua vez, consiste na aptidão de que são dotadas as pessoas políticas para a criação de tributos, os quais, por determinação do princípio da legalidade tributária, deverão ser instituídos por meio de lei.

Vislumbramos, ainda, que a competência tributária não se confunde com a capacidade tributária ativa. Exaramos, neste contexto, que a competência legislativa alude à criação de tributos, e não à sua mera arrecadação, encargo que se relaciona com o exercício da capacidade tributária ativa.

Averiguamos, pois, que a Carta Política prescreve competência tributária exclusiva à União para a instituição de contribuições sociais (incluindo-se, aí, aquelas destinadas ao financiamento da Seguridade Social), de intervenção no domínio econômico e de interesse das categorias profissionais ou econômicas. Há, ainda, a possibilidade de instituição, pela União, de contribuições residuais e de contribuição provisória sobre a movimentação financeira. Observamos, contudo, que o texto constitucional possibilita a instituição, pelos Estados, Distrito Federal e Municípios, de contribuição para o custeio do regime previdenciário de seus servidores públicos. Finalmente, contemplamos que os Municípios e o Distrito Federal poderão instituir contribuição para o custeio do serviço local de iluminação pública. À vista disso, reconhecemos que a competência tributária vincula a instituição da norma jurídica tributária à norma jurídica financeira, que predetermina o destino do produto arrecadado.

Nessa toada, verificamos que a expressão "contribuições especiais" refere-se a um conjunto extenso e diversificado de tributos, os quais estão filiados pela qualidade partilhada de serem instituídos como instrumentos de atuação estatal na área social, no domínio econômico e nas categorias profissionais ou econômicas. Dessa forma, vislumbramos três funções pertinentes às contribuições especiais: fiscal, parafiscal e extrafiscal. Com isso, aferimos que as contribuições para a Seguridade Social apresentam manifesta função parafiscal, devendo sua arrecadação integrar a receita do orçamento da Seguridade Social, como preconiza a Carta Magna. Assim, observamos que a instituição do tributo, no contexto da parafiscalidade, será realizada por um ente político com poder legiferante (competência tributária), já as atividades administrativas de arrecadação e fiscalização, por seu turno, serão realizadas pelo ente parafiscal (capacidade tributária ativa).

Nesse contexto, empreendemos uma definição jurídica às contribuições, as quais, como observado, são tributos, com destinação específica do montante de sua arrecadação, sendo o produto de sua arrecadação não restituível ao contribuinte e apresentando hipóteses de incidência desvinculadas de qualquer atuação estatal.

Aludimos que a natureza jurídica reflete no regime jurídico aplicável às exações. Em vista disso, ocupando-nos da análise da natureza jurídica das contribuições especiais, aferimos que tal exação possui natureza jurídica tributária. Ademais, averiguamos que, apesar das contribuições especiais submeterem-se a um regime jurídico autônomo em relação aos restantes dos tributos, cada uma das espécies de contribuições apresenta um regime jurídico próprio.

Apuramos, enfim, que o Texto Maior arrola quatro espécies de contribuições: **1)** sociais; **2)** de intervenção no domínio econômico; **3)** de interesse das categorias profissionais ou econômicas; e **4)** destinada ao custeio do serviço de iluminação pública. No que diz respeito às contribuições sociais, a Lei Suprema subdivide-as em duas classes: **a)** "gerais" e **b)** destinadas ao custeio da Seguridade Social (recebendo, cada uma delas, tratamento distinto pela Constituição da República).

A par disso, direcionamos nossa atenção à Seguridade Social, a qual, como vimos, consiste em um conjunto integrado de ações de iniciativa do Poder Público e da sociedade, destinadas a assegurar os direitos relativos à Saúde, à Previdência e à Assistência Social. Em razão da expressiva quantia de recursos necessários para manter as atividades do Estado em tais áreas, compreendemos que se torna fundamental contar com diversas fontes de custeio para a manutenção da Seguridade Social, agregando-se os recursos orçamentários dos entes públicos com as contribuições direcionadas, especificamente, para esse fim. Ademais, inferimos que as contribuições destinadas ao custeio da Seguridade Social possuem caráter solidário, motivo pelo qual as suas hipóteses de incidência não se restringem a determinado grupo, podendo toda a sociedade ser instada ao financiamento da Seguridade Social.

A propósito, verificamos que o artigo 195 do Texto Maior assenta as contribuições sociais que constituem as fontes principais de financiamento da Seguridade Social, cobradas do empregador, da empresa e da entidade a ela equiparada na forma da lei, do trabalhador e dos demais segurados da Previdência Social, do importador de bens ou serviços do exterior, ou de quem a lei a ele equiparar, e, ainda, aquela incidente sobre a receita dos concursos de prognósticos (loterias). Em decorrência disso, examinamos o arquétipo constitucional da regra-matriz de incidência das fontes de financiamento direto da Seguridade Social, uma vez que o legislador infraconstitucional, ao exercitar sua respectiva competência legislativa tributária, tem o dever de observar as diretrizes constitucionais atinentes à instituição do gravame.

Nessa seara, analisamos as contribuições intituladas ordinárias ou nominadas, porquanto deverão ser instituídas para o financiamento, em caráter ordinário, da Seguridade Social. Como vimos, a norma inaugural, no Texto Supremo, de outorga de competência relativa às contribuições para a Seguridade Social elege o empregador, a empresa e a entidade a ela equiparada como potenciais sujeitos passivos dessa exação. Apresentamos, assim, as definições jurídicas de empregador, empresa e entidade considerada equiparada à empresa e, além disso, deslindamos as possíveis materialidades da hipótese de incidência dessas contribuições, quais sejam: **a)** folha de salários e demais rendimentos do trabalho; **b)** receita ou faturamento; e **c)** lucro. Além disso, averiguamos, minuciosamente, os possíveis sujeitos passivos da contribuição social do trabalhador e dos demais segurados da Previdência Social. Notamos, ainda, que a capacidade contributiva do importador (ou de quem a lei a ele equiparar) revela-se por meio da efetuação de operação de importação, para fins de custeio da Seguridade Social. Com isso, fez-se necessário buscarmos uma melhor compreensão dos termos "importação", "importador", "bens" e "serviços", e, também, examinarmos como se dá a mensuração do "valor aduaneiro".

Constatamos que, além das contribuições ordinárias ou nominadas, o Texto Magno possibilita a instituição de novas fontes de financiamento direto da Seguridade Social, destinadas a garantir a sua manutenção ou expansão. Nesse compasso, verificamos que, quando da instituição de contribuições residuais, deve ser observada a regência estipulada pela Carta Magna para o exercício da competência residual pela União. Desse modo, deslindamos os requisitos necessários para a instituição de contribuições residuais, os quais são: **1)** lei complementar; **2)** não-cumulatividade; e **3)** hipótese de incidência e base de cálculo diversos daqueles previstos na Constituição Federal.

Versamos, ainda, sobre a contribuição para o custeio do regime previdenciário dos servidores públicos estaduais, distritais e municipais, ressaltamos, neste cenário, que aos servidores públicos de quaisquer esferas é assegurado regime próprio de Previdência Social de caráter contributivo e solidário. Não obstante, enfatizamos que a outorga de competência da respectiva contribuição restringe-se ao custeio, apenas e tão somente, do regime previdenciário dos servidores, não abarcando ações na área da saúde ou prestações assistenciais, mesmo em benefício dos próprios servidores.

Ao final, constatamos que a contribuição provisória sobre movimentação financeira poderá incidir sobre quaisquer movimentações, a qualquer título, independentemente de tratar-se de lançamentos a crédito ou a débito. Ademais, verificamos que essa contribuição, mesmo possuindo vigência temporária, qualifica-se como contribuição destinada ao custeio da Seguridade Social.

Por fim, embora as conclusões desse estudo não esgotem o assunto, elas demonstram a importância do tema, pois recentemente o governo trabalhou de maneira incansável para aprovar a Desvinculação de Receitas da União – D.R.U., por meio da E.C. n.º 93, de 08/09/2016, que alterou o artigo 76 do A.D.C.T., desvinculando 30% (trinta por cento) da arrecadação da União relativa às contribuições sociais, até 31 de dezembro de 2023. Em seguida, passou a promover uma forte campanha publicitária, divulgando diariamente na mídia que existe um déficit acentuado nos cofres da Previdência Social, necessitando-se, assim, realizar a reforma desse sistema, em caráter de urgência, o que soa estranho e de maneira confusa, uma vez que as informações financeiras da Previdência e da própria Seguridade Social não são divulgadas de maneira transparente pelo Poder Executivo, valendo ressaltar que qualquer mudança drástica e desordenada na respectiva legislação previdenciária e na própria arrecadação poderá trazer sérios reflexos para toda a sociedade.

REFERÊNCIAS BIBLIOGRÁFICAS

AMARO, Luciano. **Direito Tributário Brasileiro**. 14. ed. São Paulo: Saraiva, 2008.

ATALIBA, Geraldo. **Hipótese de Incidência Tributária**. 6. ed. São Paulo: Malheiros, 2006.

BARRETO, Aires F. **ISS na Constituição e na Lei**. 2. ed. São Paulo: Dialética, 2005.

BECKER, Alfredo Augusto. **Teoria Geral do Direito Tributário**. 4. ed. São Paulo: Noeses, 2007.

CARRAZZA, Roque Antonio. **Curso de Direito Constitucional Tributário**. 23. ed. São Paulo: Malheiros, 2007.

CARVALHO, Aurora Tomazini de. **Teoria Geral do Direito (O Constructivismo Lógico-Semântico)**. Tese de Doutorado em Filosofia do Direito (Orientador: Paulo de Barros Carvalho). São Paulo: PUC, 2009. Disponível em: http://www.dominiopublico.gov.br/download/teste/arqs/cp098895.pdf. Acesso em: 16 de novembro de 2017.

CARVALHO, Cristiano Rosa de. Sistema, Competência e Princípios. *In*: DE SANTI, Eurico Marcos Diniz (Org.). **Curso de Especialização em Direito Tributário** – Estudos Analíticos em Homenagem a Paulo de Barros Carvalho, 1. ed. Rio de Janeiro: Forense, 2007.

CARVALHO, Paulo de Barros. **Curso de Direito Tributário**. 19. ed. rev. São Paulo: Saraiva, 2007.

_____. **Direito Tributário: Fundamentos Jurídicos da Incidência**. 5. ed. São Paulo: Saraiva, 2007.

_____. **Direito Tributário, Linguagem e Método**. 2. ed. São Paulo: Noeses, 2008.

DALLARI, Dalmo de Abreu. **Elementos de Teoria Geral do Estado**. 32. ed. São Paulo: Saraiva, 2013.

GAMA, Tácio Lacerda. Contribuições Especiais: Natureza e Regime Jurídico, *in*: DE SANTI, Eurico Marcos Diniz (Org.). **Curso de Especialização em Direito Tributário** – Estudos Analíticos em Homenagem a Paulo de Barros Carvalho, 1. ed. Rio de Janeiro: Forense, 2007.

GRECO, Marco Aurélio. **Contribuições (uma figura "*sui generis*")**. São Paulo: Dialética, 2000.

GUIMARÃES, Deocleciano Torrieri (*in memoriam*). **Dicionário Técnico Jurídico**. atualização de Ana Cláudia Schwenck dos Santos. 18. ed. São Paulo: Rideel, 2015.

HARADA, Kiyoshi. **Direito Financeiro e Tributário**. 17. ed. São Paulo: Atlas, 2008.

JARDIM, Eduardo Marcial Ferreira. **Dicionário Jurídico Tributário**. 5. ed. São Paulo: Dialética, 2005.

LENZA, Pedro. **Direito Constitucional Esquematizado**. 12. ed. São Paulo: Saraiva, 2008.

MACHADO, Hugo de Brito. **Curso de Direito Tributário**. 27. ed. São Paulo: Malheiros, 2006.

MELO, José Eduardo Soares de. **Contribuições Sociais no Sistema Tributário**. 4. ed. São Paulo: Malheiros, 2003.

_____. **Curso de Direito Tributário**. São Paulo: Dialética, 1997.

MINATEL, José Antonio. **Conteúdo do Conceito de Receita e Regime Jurídico para sua Tributação**. São Paulo: MP Editora, 2005.

MORAES, Alexandre de. **Direito Constitucional**. 23. ed. São Paulo: Atlas, 2008.

MOREIRA, André Mendes. **Não-Cumulatividade Tributária na Constituição e nas Leis (IPI, ICMS, PIS/COFINS, Impostos e Contribuições Residuais)**. Tese de Doutorado em Direito Econômico e Financeiro (Orientador: Paulo de Barros Carvalho). São Paulo: Faculdade de Direito da USP, 2009. Disponível em: http://www.teses.usp.br/teses/disponiveis/2/2133/tde-27012011-135439/pt-br.php. Acesso em: 16 de novembro de 2017.

PAULSEN, Leandro. **Direito Tributário: Constituição e Código Tributário à luz da doutrina e da jurisprudência**. 8. ed. Porto Alegre: Livraria do Advogado, 2006.

PAULSEN, Leandro; VELLOSO, Andrei Pitten. **Contribuições: Teoria Geral, Contribuições em Espécie**. 3. ed. Porto Alegre: Livraria do Advogado, 2015.

SABBAG, Eduardo. **Manual de Direito Tributário**. 6. ed. São Paulo: Saraiva, 2014.

TOMÉ, Fabiana Del Padre. **Contribuições para a Seguridade Social: à Luz da Constituição Federal**. Curitiba: Juruá, 2002.

www.ingramcontent.com/pod-product-compliance
Lightning Source LLC
Chambersburg PA
CBHW062344290526
45794CB00005B/2101